JN065114

私は正しい

その正義感が
怒りにつながる

安藤俊介
一般社団法人日本アンガーマネジメント協会代表理事

産業編集センター

目次

1章

正義感が強い人

○消費される正義

世の中には理不尽なことって本当に多いですね。不祥事を起こした芸能人がシレッと芸能界に復活したり、普通の企業だったら解雇されそうな暴言を吐いた政治家が、そのままその地位に居座ったり、不真面目な人がいい思いをしていたりと、納得できないシーンをよく見かけます。

こんな時、正義はないのかと思います。正義が動けば、こうした不真面目な人達はきっと痛い目を見るはずです。

ウルトラマン、仮面ライダー、戦隊モノ、セーラームーンと、テレビの中には正義の味方がいて、誰かが悪さをすると、それこそ国に代わってお仕置きをしてくれます。時代劇でも、庶民の願いを聞いてくれて、お仕置きをしてくれる『必殺仕事人』シリーズは人気を博しました。私達はそれだけ生活に正義を求めているということなのでしょう。悪いことをしていれば誰かが裁いてくれるし、正しいことをしていれば、いつかきっと報われるはずと信じています。正義と言えば、庶民の味方になるはずのものです。正義のない世界があったとしたら、それは映画に出てくるような無法者が好き勝手に略奪を繰り返しているようなものがイメージできるでしょう。

ところが、最近、正義が強くなりすぎて息苦しさを感じている人が増えているようです。ちょっと正義が行き過ぎてやしないかと思えるようなことが多く目につくのではないでしょうか。

特に2020年春先から大きな影響が出始めた新型コロナウイルスによって、正義の影響がより色濃く現れるようになったと思われます。例えば自粛警察、マスク警察といった○○警察と呼ばれる人達が急に現れました。

自粛警察であれば、県外ナンバーの車を見れば、県外から入ってくるなと注意をする。東京から帰省している人の家には、こんなタイミングで帰省するとは何を考えているのかと苦情の手紙が投げ込まれる。マスクをする、しないで大喧嘩になり、それをマスコミが面白おかしく取り上げるので、さらに炎上し、挙句の果てに関係のない人達まで巻き込んで延焼する始末。

ネット・SNS炎上、○○ハラスメントは以前からありましたが、ここにきてさらにそ

れらが加速しているようにも見えます。

デジタル・クライシス総合研究所が発表した「デジタル・クライシス白書２０２０」によると、月間の平均炎上発生件数は96・６件となっていて、１日約３件の炎上事案が発生していると発表しています。ちなみに同白書によると、炎上の発生源は９割がデジタルメディアで、「Twitterを中心としたＳＮＳが発生源となるケースが７割になるとのことです。炎上というのは、誰かが誰かに怒っていることのあらわれなのですが、怒っている側には何らかの正義があります。

一言で正義といっても、わかりやすいものもあれば、わかりにくいものもあります。

例えば、わかりやすい正義としては、芸能

人の不倫が挙げられます。不倫は文字とおり、倫理的ではないことをしているので、それは間違っている！とわかりやすい正義の名の下に誰かを追求することができます。まあ、無関係な視聴者が不倫をしている芸能人を攻撃することに意味があるのか、何か得があるのかと言われれば、何とも微妙なところではあるのですが、それはここでは一旦置いておきましょう。

逆にわかりにくい正義としては、捉え方が人によって異なるものが挙げられます。例えば、人気番組に出演していた女性プロレスラーが壮絶なSNS炎上によって自ら命を絶つという本当に痛ましい事件がありました。彼女に向けられた心無い言葉の攻撃は、これが正義だというわかりやすいものではなく、番組ファンであった視聴者からのあなたの態度が嫌いだというものです。そして、それを言っている人は「あなたが悪いこと、間違ったことをしているから、私がどういうことが正しいのか教えてあげている」と思っています。攻撃する側には攻撃する側の言い分、正義があるのですが、これは人によるところが大きいので、何をもって正しいと言っているのかと賛否両論になるでしょう。

それにしても1日に3件の炎上があったということは、3日で10件ということです。10件の炎上と聞いて思い出せるのはいくつあるでしょうか。実は10件ですら、覚えていないのではないでしょうか。それくらい炎上は日常的であって、その時は一瞬激しい炎を上げますが、すぐにその炎は消え、人の記憶から忘れ去られていきます。

正義ってそんなに簡単に忘れられていいものだったでしょうか。そんなはずはないですね。正義ってとても大切で、簡単に扱っていいようなものではないし、すぐに忘れていいようなものでもありません。

ところが今は正義が簡単に生まれ、あっという間に消費されることを繰り返している時代とも言えそうです。

○ 正義は人を息苦しくする

正義感を笠に着て怒っている人が多く、また、正義感の名の下で怒られている人が多いので、何をするにしても、正しくなければいけない、皆と違うことをしてはいけない、気をつけようと感じている人が多くいるように、私の目には映ります。

みんなして間違うことを怖がったり、人と違うことをしないようにすれば、どうしたって息苦しさ、やりにくさを感じるものです。

いわば1億総風紀委員みたいなもので、皆がお互いを監視して、何か悪いことをしていないか、間違ったことをしていないかと探しています。そして、それらを見つければ、それ見つけた！と一斉に正義を執行し始めるのです。

私は普段、長野県の田舎に住んでいて、仕事でたまに東京に行く生活をしています。毎日1日2回、朝と夕方に散歩するのが日課です。散歩している人にすれ違いますが、私を含めてマスクをしている人はほとんどいません。なので、普段マスクをする習慣があまり

ありません。

東京に行く時、マスクを忘れてしまったことがありました。すると東京に着いた途端に何となく周りからの視線を感じたのでした。テレビの仕事が続いた後のタイミングだったこともあり、あれっ、もしかしてちょっと有名になったのかな？なんて呑気なことを考えたのですが、全然そんなことはなくて、単にマスクをしていない私に「なんでこの人はマスクをしてないいんだ？」と怪訝な視線が送られていたのでした。私はといえば、ようやく自分がマスクをしていないことに気づき、慌ててマスクを取り出して顔につけたわけです。視線を感じつつも、いつまでもマスクをしなかったらどうなっていたのかなと思います。

そんなふうにお互いに監視をしているような雰囲気になっているのですから、いつでも、どこでも気を抜くことができません。ＳＮＳ、スマホの発達で、誰もがいつでも、どこでも気軽に動画や写真を撮りアップできます。
例えば、電車の中でマスクもせずに私がぼーっと立っていれば、誰かがスマホで私の顔を撮って、Twitterに電車の中でマスクしていない人発見といった具合に簡単に情報発信で

きてしまうのです。みんなそのことを知っているので、迂闊なことを人前でできないといつも心のどこかで警戒をしています。

正義の名の下に問い詰められたら、こちらとしては反論しづらいわけです。一応、言っている側に正義があると思っているので。正義を言ってくる人は、基本的に怒っています。優しく正義を言ってくる人はいません。そのことが余計に正義を面倒臭く感じさせます。その正義が行き過ぎていようが、履き違えたものであろうが、本人が正しいと思い込んでいるものに対して、言い返すのはなかなかに骨が折れます。

そんな面倒事が遠い世界ではなく、自分にとって身近な会社、親戚、ご近所付き合い、ママ友の間に溢れているのです。

こうなれば息苦しいと感じて当然です。人を助けるための正義がいつの間にか、自分が監視されるもの、怒られるもの、そして距離を置きたいものに変わってきているのが今なのです。

その一方で、実は正義を振りかざして怒っている人も息苦しくて仕方がないと思っています。息苦しい人が誰かを攻撃して、息苦しさを感じさせているという悪循環が生まれているのです。

世の中で息苦しさを感じている人が、正義の名の下に怒りを発する理由については後ほど詳しく説明します。

ここで覚えておいて欲しいのは、正義感で怒る人、いわゆる正義中毒と言われる人もある意味被害者であるということです。

世間一般で言えば、正義中毒で怒る人は面倒くさい人、関わりたくない人と思われるものですし、どちらかと言えば本人が勝ち気で攻撃的な性格ゆえにそうせざるを得ないのだろうとも思われているかもしれません。ところが、正義感で怒る人は必ずしも強い人、攻撃性の強い人ではないのです。むしろ、いろいろなことに敏感で、過敏に反応するからこそ、怒りを感じているとも言えるのです。

危ないでしょ!!

常識だろ!!

許せないわよ!
ねー

長野県のとある田舎
おはようございます～
おはよ！さん
東京
久々の東京だ!!
なんだかみんなが僕を見ている…
じろじろ
ぽりぽり
僕も有名になってきたのかな…
フフフ…
はっ
ちょいちょい
マスクしてないからだった…!!

○正義感が強い人は怒りっぽい

そもそも怒りの感情ってなんなのでしょうか。怒りは別名、防衛感情とも呼ばれています。防衛というくらいですから、何かを守るためにある感情です。

動物にも怒りの感情がありますが、動物にとって守るべき大切なものと言えば、まずは命です。その他に縄張りや子どもなどが挙げられます。

動物である人間にも怒りの感情があります。怒りは人に備わっている自然な感情であって、怒りがない人はいません。どんなに穏やかな人にも怒りはあります。なかにはあの人が怒っているところを見たことがない、自分は怒ったことがないという人もいるのですが、怒りの感情がない人はいません。なければ人として、というよりも動物として生きていけないからです。私達は何か危険を感じた時、自分の命を守らないといけません。それは私達が動物であった頃からの記憶です。目の前に天敵が現れて、自分にまさに襲いかかろうとしています。その時に、私達が命を守るためにできることは、実はたった2つです。

それは闘うか、逃げるかです。

闘うにしろ、逃げるにしろ、とにかく体をまずは臨戦態勢にしなければなりません。この「体を臨戦態勢にする時」に怒りを使うのです。

怒りが生まれることで、様々なホルモンが放出されます。私達に馴染みがあるものとしては、アドレナリンがあります。アドレナリンが放出されると、例えば心臓はドキドキと鼓動を速め血液を全身に送り込み、筋肉を緊張させ、瞬時に目の前に迫る危険に対応できるよう身体を準備させます。

その時は私達人間も犬や猫となんら変わらない状態になっています。全身の毛を逆立て、危害を加えようとしている相手を凝視し、いつでも飛びかかるか、走って逃げられるよう

に全身を緊張させています。犬や猫は威嚇のために唸り声を上げますが、私達人間だって、同じように大きな声を出したり、大げさな振る舞いをして威嚇することがありますね。本来は命を守るための身体の仕組みですが、私達は日々の生活の中でそこまで命の危険を感じることはありません。では何を守ろうとしているのかと言えば、自分の大切にしているものです。それは価値観、考え方、立場、主義主張、家族、友人、財産といったものが考えられます。

例えば、誰かがあなたの意見は間違っていると否定をしてくれば、自分が大切だと思っている意見、考えが攻撃をされたということになります。すると、自分の意見、考えを守りたいので怒ります。自分に対して直接的に間違っていると言ってこないとしても、自分が守りたいと思っている価値観を否定するような行為をしている人を見れば、それは自分への攻撃だと受け取ってしまうのです。

実は怒っている人というのは、先制攻撃で誰かを攻撃しているのではなく、先に自分が危険を察知して、その危険から何か大切なものを守ろうとして怒っているのです。そう、怒りは先制攻撃ではなく、防衛のための攻撃なのです。怒っている人にしてみれば、正当防衛であるし、何か悪いことをしているとは感じていません。むしろ、悪いのは相手で、相手が先に何か攻撃してきたから反撃しているに過ぎないと感じています。

怒ることは悪いことではありません。怒ることは身に迫る危険に対する自然な反応なので、危険が迫っていると感じたなら怒らなければいけないのです。逆にそうした場面で怒れなければ、危険にさらされても、何もできず、自分の安全を確保できません。

正義感が強い人は、守りたいものが多い人です。正義を大切にしているということは、正義ではないことは受け入れられません。私達が住んでいる世界は、そんなにすべてが清廉潔白で品行方正なわけではありません。むしろ、社会は正しいこともあれば、間違っていることもあり、それらが渾然一体になっています。でも正義感が強い人は、その現実社会で間違っていること、正しくないことについて、いちいちひっかかります。いつも正しくなければいけないと信じているからです。

「水清ければ魚棲まず」という故事があります。あまりにきれいな水には魚が棲めないし、自分が清廉潔白でいようとすることはいいことだが、それを他人に度を超して求めていたら、周りに人がいなくなるよと戒めています。いつでも、どこでも、誰に対しても高潔であり、品行方正である人なんてなかなかいません。人は弱い生き物で、ちょっとした誘惑に簡単に負けるものです。普段は絶対に信号無視しない人でも、周りに誰もいなく、見渡す限り車も来ないような横断歩道であれば、赤信号を無視して渡るくらいのことはするでしょう。あるいは、「旅の恥はかき捨て」という言葉があるように、普段の生活から離れて、違うところへ行けば、いつもだったらしないようなこと、恥ずかしいことを人はしてしまいがちなのです。

正義感の強い人は、常に正しさを求めているので、正しくないことを目の当たりにすると、自分の大切にしているものが攻撃されたように思えて、怒りをもって反撃をしているのです。少なくとも彼／彼女達にとって「自分が攻撃をしかけたのではなく、先に攻撃してきたのは向こう」なのです。

○ 怒りが生まれるメカニズム

ここで怒りが生まれる仕組みについて見ていきましょう。

怒りが生まれる仕組みはライターを模して説明することができます。次の図を見てください。

ライターの炎が怒りだとします。ライターでは、まず着火スイッチをカチッとして火花を散らします。散った火花にガスが送られて炎となって燃え上がります。着火スイッチをカチッとするものは、自分が信じている「～するべき」が裏切られた時です。

例えば、自粛するべきと思っている人が、自粛をしない人を見たら、怒りの火花が飛び散ります。

でも、火花が散っただけでは、炎は燃え上がりません。散った火花にガスとしての役割を果たすのが、マイナス感情・状態です。

マイナス感情とは、不安、辛い、苦しい、悲しい、寂しい、孤独感、罪悪感といった、一般的にはネガティブな感情と言われているものです。

マイナス状態とは、疲れている、睡眠不足、ストレスが大きい、お腹が空いている、身体の具合が悪いといった状態のことです。けれど同じ出来事に遭遇しても、すごく頭にくることもあれば、そうでない時もある。

すごく頭にくる時とそうでない時の違いは、マイナス感情・状態が大きく影響しています。マイナス感情・状態が大きければガスが多くあるということなので、怒りの炎が大きく燃え上がります。逆にマイナス感情・状態がない、あるいは少ない時であれば、怒りの火花が散ったとしても、ガスがないので軽くイラッとするくらいで済みます。

このことから、無駄に怒りの炎を燃え上がらせないための2つの方法があることがわかります。それは、「べき」が裏切られる回数を減らすか、マイナス感情・状態を小さくすることです。

このコロナ禍が始まってから、多くの人が行き先の見えない将来に対して不安を感じたり、生活スタイルの変化でストレスを普段よりも抱えたり、コロナ太りと言われるように運動不足で身体の調子を崩したりと、マイナス感情・状態が大きくなっています。普段よりも怒りの火花に送るガスが大きくなっているので、普通であればそんなに気にならないことでも、いつも以上に怒りが大きくなる人が増えています。

私達のところに寄せられる相談でも、自分がなんだか最近怒りっぽくなった自覚がある、あるいは怒りっぽくなって自分が怖いというものが目につきます。

○正義は玉虫色をしている

正義というと、絶対に正しいもので、それが変わるなんてことはないと思うかもしれません。もし、正義が変わってしまうようなことがあれば、何が正しいかがわからくなって困ると思う人も多いでしょう。ところが、実は正義は玉虫色をしていて、コロコロと状況によって変わってしまうものなのです。

では、ここではあなたの正義を試してみましょう。問題を出しますので、考えてみて下さい。

電車が制御不能になってしまいました。電車は右に向かって暴走しています。このまま放っておくと、線

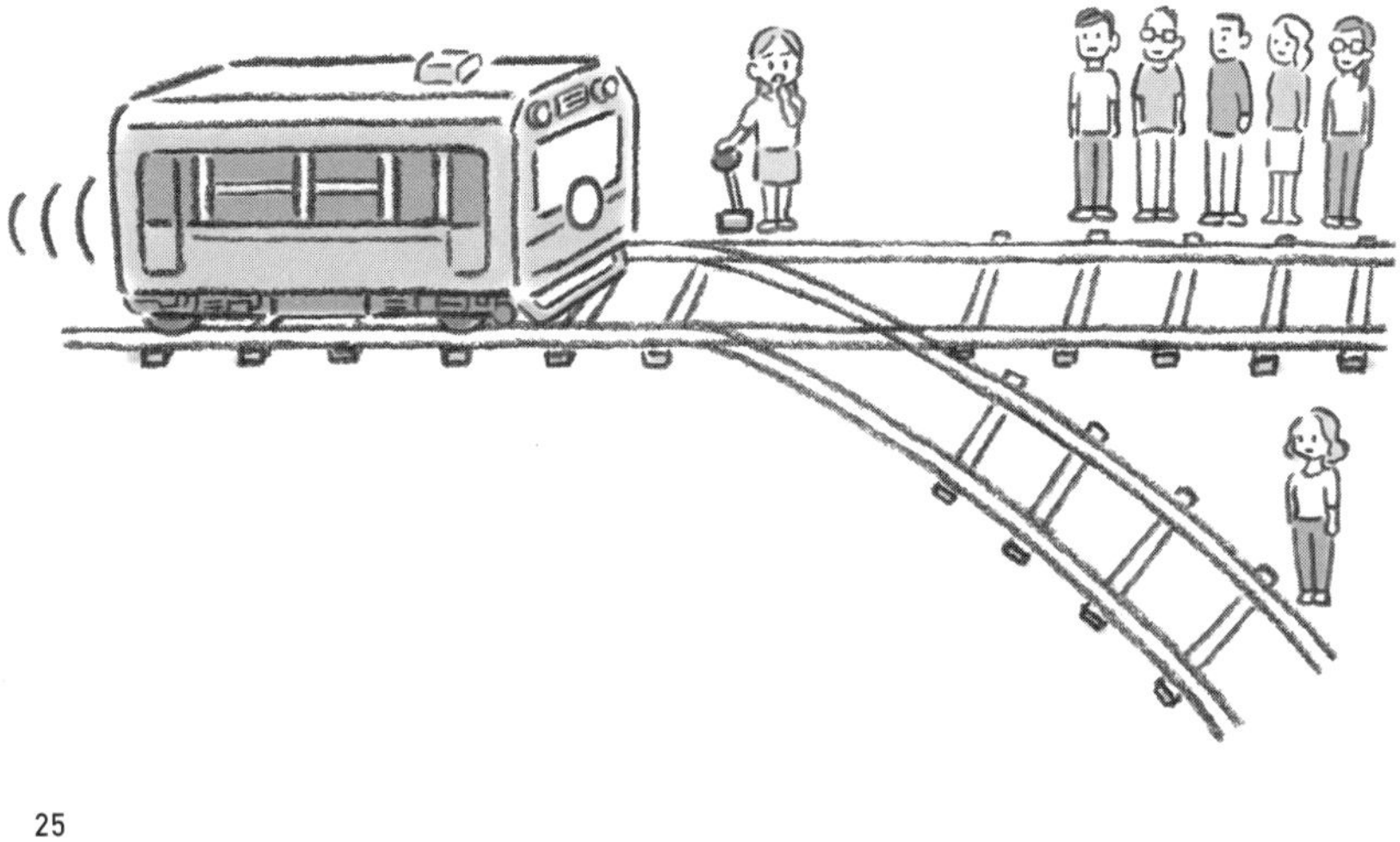

路で作業をしている5人を轢いてしまいます。

あなたはイラストの真ん中にある線路の切り替えスイッチの前に立っています。もしあなたがその切り替えスイッチで線路を切り替えるなら、電車は5人の作業員の方へは行かず、1人の作業員の方へ方向を変えます。

そうすると、1人は犠牲になってしまいますが、5人は助けることができます。さて、あなたは切り替えスイッチを動かすでしょうか？

ちなみに、作業員にはどうやっても危険を知らせることはできません。あなたにはそのまま何もしないか、あるいは切り替えスイッチを動かすのかの2択しかありません。

どちらを助けるか決まったら、次に読み進めてください。

さて、次に条件を少し変えて問題を出します。

先程と同じようにコントロール不能の電車が右に向かって走っています。そのままにしておくと5人の作業員を轢いてしまいます。

あなたは線路の切り替えスイッチの前に立っています。あなたが切り替えスイッチを動かせば、1人は犠牲になりますが、5人は助けることができます。ここまでは先程の問題と同じです。

ここからが先程と条件が少し変わります。その5人の作業員は凶悪な犯罪を犯した犯罪者です。一方で1人の作業員はあなたの大切な家族です。

さて、あなたは切り替えスイッチを動かしますか。それとも何もしないでしょうか。

これはトロッコ問題といって、人の倫理、道徳とは何かを考える古典的な命題として知られています。内容については若干私がアレンジをしています。

一般的に言えば、最初の問題では5人を助ける人が多数派です。人の命の重さは平等と考えれば、1人より5人を助けた方が良いだろうと考える人が多いからです。

そして2番目の問題では1人を助ける人の方が多くなります。5人には申し訳ないですが、大切な1人の家族の命の方が大事と思うからです。ましてや、その5人は凶悪な犯罪者であることを知っているので、自分に対して罪悪感を薄くすることができるからです。

ただ、この2つの問題で聞いているのは、5人を助けますか、1人を助けますかだけです。作業員の人達の素性がどうであるかは実は関係ありません。

さて、あなたの正義はどうだったでしょうか。5人を助ける方が正義であると思ったのに、条件を少し変えられると、1人を助けることの方が正しいと思ってしまったのではないでしょうか。

このように正義は条件が変わるだけで、いとも簡単に変わるものです。正義ってなんとなくすごく正しくて、変わらないものというイメージを持っていると思いますが、こんなにも脆いものなのです。

正義は立場によっても変わります。

ウルトラマンは代表的な正義の味方です。ウルトラマンが悪であるとは誰も思いません。怪獣が現れ、歯が立たない人間に代わって、正義のために皆の命を守るために怪獣を

倒してくれます。ウルトラマンと怪獣の戦いでは、往々にして街が壊されることがあります。ウルトラマンが投げ飛ばした怪獣が自分の家を壊したとします。この時、ウルトラマンが正義のためにやったのだから、仕方がないと受け入れることができるでしょうか。怪獣が家を壊した場合、家財保険などが使えない可能性があり、自分ですべてを保証しなければいけないとして、それでもそれが正義だと思えるでしょうか。そもそもウルトラマンは日本の何の法律にもとづいて、怪獣をやっつけているのでしょうか。正義だと思われている行為が実は法律違反になるのかもしれません。

ウルトラマンではなく、一市民が悪を街から倒すといって、私兵としてそういう人達を追い出そうと危害を加え始めたら、それは正義ではなく、ただの無法者が暴れているだけとしか思われないでしょう。

ウルトラマンも意地悪な言い方をすれば、ウルトラマンが勝手にやっている怪獣警察です。ウルトラマンにはそれをやっていい権利はなく、日本で正義を執行できるのは公権力だけです。

このように正義って私達が思っているのとは違って、かなりあやふやなところがありますし、それぞれの立場や見方によってどうにでも変わるものということがわかります。

2章

正義感は心の闇から生まれる

○ 自分の怒りが公憤になっているか？

第1章では正義のいわば負の面について紹介しました。私達にとって正義はいつも正しいものであって、正義こそ絶対的に正しいものであったはずです。ところが、正義は条件次第でコロコロと変わったり、正義をたてに傍若無人に怒る人がいることから、実は正義は私達が思っているようなものとはちょっと違っていたことがおわかりいただけたかと思います。

とは言うものの、正義は社会に必要なものですし、正義なくして世の中の秩序を保つことはできません。問題は正義の名の下に破壊的な怒り方をしている人がいることにあります。怒ることは必要なことですから、その怒りを建設的な方向、未来がより良くなる方へ向けられればよいわけです。歴史を見れば、正義感から怒り、その怒りによって世の中がより良くなってきたことがわかります。

怒りには私憤と公憤があります。私憤は個人的なことから起こる怒りで、公憤は公共の正義の立場から感ずる憤りと辞書に書いてあります。公共のための正義感から怒ることが公憤です。

　私達には私憤も公憤もどちらもありますが、基本的には何事も私憤から出発して、それが公共の正義のためになるものであれば公憤へと変わります。だからといって公憤の方が私憤よりも高尚で優れているということではありませんし、公共のために怒ったことが何でも社会のためになるかと言えば、そういうわけでもありません。

今問題になっている正義を振り回して怒っている人の怒りが公憤と言えるか聞かれれば、そうとはなかなか認められません。

　自粛警察と呼ばれる人々は公共の正義によって、外出している人に怒りを向けていると信じています。それが悪いことだとは思っていませんし、むしろ世の中に代わって自分が言ってあげているというくらいの感覚でいるのでしょう。でもおそらく、周りの人は県外ナンバーの車に「県外からくるな」と張り紙をするとか、都心から帰省している人の家に「こんな時期に帰省するなんて」と手紙を送ることは、いくらなんでもやりすぎだと思っています。

　どの程度自粛したらよいか、どの程度が正義か、どのくらいのこ

とで怒りを感じるかというのは、それはもう人それぞれです。自分の怒りが本当の意味での公憤になっているのか考えることはとても大事です。そうでないと、いくら自分が公共の正義のために怒っていると言っても、身勝手に怒っている人くらいにしか思われないからです。

では自分が感じている怒りがただの私怨的なものなのか、公共の利益のためになる公憤であるかを確かめるにはどうすればよいでしょうか。

答えは簡単です。周りの人にその怒りが社会的な正義に合っているか聞いてみてください。大多数の人が共感してくれて、さらには自分も一緒にその正義のために何かをしたいと言ってくれるなら、それは公憤である可能性がとても高いでしょう。逆に周りの人に聞いた時に、あまり関心を持たれない、理解をされない、理解を示されたとしても一緒に何かしたいとまでは言ってくれないといった感触であれば、それはただの個人的な怒りでしかない可能性が高いと言えます。

もしあなたの周りにその怒りをシェアできる相手がいないのなら、その怒りは公憤になることはほぼないでしょう。なぜなら、普段から何が正しいか、正しくないのか話せる人が周りにいないという状況は、とても偏った考えに陥りやすいからです。

そして私憤と公憤の判断を誤らないための基準があります。それはアンガーマネジメントでは「ビッグクエスチョン」と言われるものです。ビッグクエスチョンとはその名の通り「大きな意味のある質問」という意味です。

ビッグクエスチョン：自分にとって周りの人にとって長い目で見た時に健康的か？

つまり、正義感による怒りだと思っているものが自分にとっても周りの人にとっても長い目で見た時に健康的なものであるかです。このビッグクエスチョンはもともとは英語で す。1つの質問のように見えますが、この中には実は4つの質問が隠れています。

1．自分にとって
2．周りの人にとって
3．長い目で見た時に

4. 健康的か

つまり、自分にとってはどうですか、周りの人にとってはどうですか、それは長い目で見た時にどうですか、健康的なものですか、という具合です。

「健康的か」というのは心身ともにその怒りが健康的なものであるかです。その怒りを持つことで、実際に行動することで心が荒んでしまったり、体が疲れ切るようなことがあっては問題です。

「長い目で見た時」の「長い」は目先のことではないということです。目先のことを優先させてしまうと、怒りに任せて行動してスッキリすることが良いことだと考えてしまうからです。怒りに任せた行動は後悔を伴うことがとても多いです。

公憤が周りの人のためになることは当然です。だからといって、人のためにはなるが、自分のためにはならないという怒りであれば、自分を押し殺すことになるので、長い目で見た時に健康的なものとはならないでしょう。

県外ナンバー狩りをしている人の正義の怒りが公憤と言えるのか、ビッグクエスチョンを使って考えてみましょう。わかりやすいよう4番目の質問から見ていきましょう。

4. 健康的か…

張り紙をするなんてやらなくていいことです。そもそも私達にはその権利はありません。張り紙をした時に、例えば車を傷つけるようなことがあれば、器物損壊とも言われてしまうかもしれません。頼まれてもいないのに、こうした怒りに任せた行為をし続けることは心身ともに疲れさせます。

3. 長い目で見た時に…

今は怒りで目の前が真っ赤に染まり、県外ナンバーの車を制裁しなければいけないと感じているのかもしれません。冷静になった後でも、これから先何年も経った後でも、世間がその行為

を非難した後でも、正しかった行動と言い切れる自信はあるでしょうか。怒りに任せて行動したけれど、やっぱりやらなければよかった、余計なことだったかもしれないと後悔する日がくるのではないでしょうか。

2. 周りの人にとって：

その行動をすることで周りの人に迷惑をかけたり、不愉快な思いをさせているのではないでしょうか。法律違反をしているわけでもないのに、見ず知らずの人にいきなり匿名で張り紙をされたほうの気持ちはどのようなものでしょうか。また、その行動をすることで実は家族、友人、知人との間でも諍いが起きているのではないでしょうか。「そんなことをしなくていい」「止めてくれ」と咎められたりしているなら、それは大切な家族のためにもなりません。

1．自分にとって：

それをすることが自分にとってどのようなプラスを生み出すのでしょうか。ただただ目の前にいる気に入らない人に制裁を加えたいと思っているに過ぎないのではないでしょうか。また、本当は他で感じている怒りをたまたま見つけた誰かに憂さ晴らしをしているだけではないでしょうか。そんなことをしても、自分のためには何もなりません。

いかがでしょうか。私は県外ナンバー狩りをする人の「正義の怒り」は公憤とはとても呼べないと考えていますので、多少厳しく言いましたが、ビッグクエスチョンに沿ったものになっていないことはご理解いただけると思います。

自分の個人的な怒りである私憤が、公憤として社会に認められることがあれば、それはとても大きな武器を手にしたことになります（拙著『あなたの怒りは武器になる』の中に詳しく書いています）。なぜなら、自分の感じている怒りが世の中皆も感じている怒りということになり、怒りを感じている対象についてより良くしようと多くの人が動くからです。

逆にあなたが公共の正義のために感じていると考える怒りがあったとしても、それが独りよがりなものであれば、何一つプラスを生み出しません。怒りは良くも悪くも大きなエネルギーですので、プラスにならないなら向かうのはマイナスな方向だけです。そうなれば、怒りによって自分の身を焦がし続けることになってしまいます。

○ 正義感はどこから生まれるのか？

　正義感も価値観の一つです。私達の価値観はアンガーマネジメントでは「コアビリーフ」と呼ばれるものから生まれます。コアは核、ビリーフは信じているものという意味です。まずは正義感を生み出す元になるコアビリーフとは何であるかを見ていきましょう。

　コアビリーフは自分の心の中にある辞書のようなものだと思ってください。私達は英単語がわからなければ英語辞書を調べますね。日本語の言葉であれば国語辞典を調べます。

　日常の生活の中で、何か出来事にあいます。するとそれがどういうことなのかを理解するのに、心の中にある辞書、つ

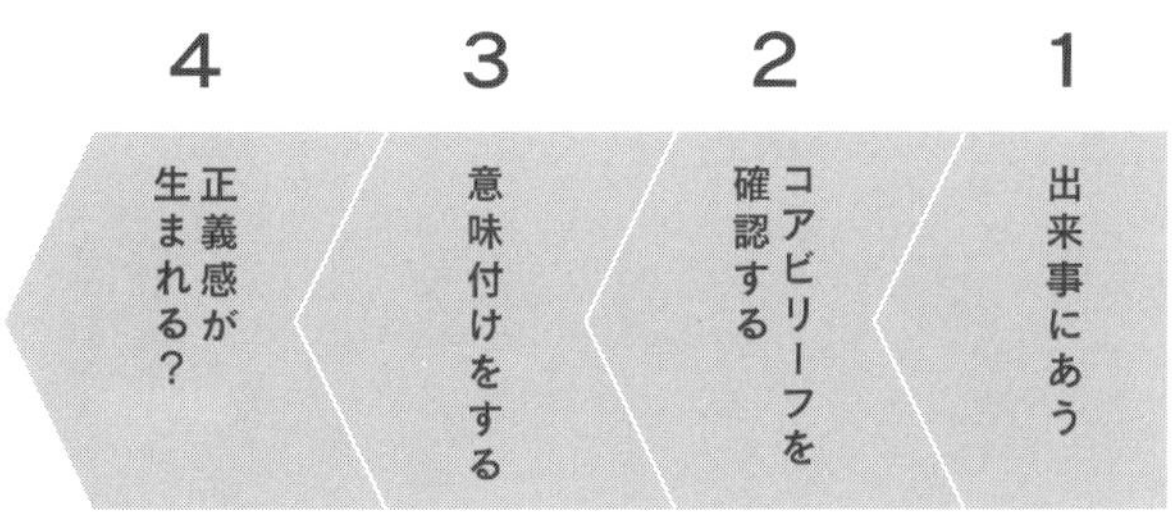

まりコアビリーフを見ます。コアビリーフに書いてあることを確認して、意味付けをします。意味付けをすることで、それが良いことなのか、悪いことなのか、自分にとって大切なことなのか、どうでもいいことなのか等がわかります。

その結果、それが正義ではない、不道徳だ、倫理にもとるといったことであれば、正義感が生まれます。逆に特に何か悪いことだとも思わなければ、正義感は生まれません。

例えば、都心で歩きタバコをしている人を見かけたAさん、Bさんの2人のケースで考えてみましょう。2人は都心部では歩行喫煙が条例によって禁止されていることを知っています。街中のいたるところに喫煙所があることも知っています。

Aさんのコアビリーフ：歩きタバコはするべきでない

Bさんのコアビリーフ：タバコくらい好きに吸うべき

都心に住むAさんの場合です。

1．歩きタバコをしている人を見かけました。

2．これがどういうことなのか理解するためにコアビリーフを確認します。コアビリーフには「歩きタバコはするべきでない」と書いてありました。

3．この人は悪いことをしている、不道徳なことをしている人だという意味付けをしました。

4．悪いことをしている、不道徳な人が目の前にいることで正義感が生まれました。

そして、この正義感から怒りが生まれ、怒りから何かしらの行動をします。Aさんにとって正義感はとても強いものだったので、その歩行喫煙をしている人に向かって、「ここでは歩きタバコは禁じられている」と注意をしたのでした。

一方で喫煙率の高い地方に住み、自分自身も含め、友人に喫煙者の多いBさんはどうだったでしょうか。

1．歩きタバコをしている人を見かけました。

2．コアビリーフにはタバコくらい好きに吸うべきと書いてあります。

3．最近、都心では喫煙者に対する風当たりが強く、喫煙者の権利をないがしろにしている世間が悪いと意味付けをしました。

4．そうした世間に対して、喫煙者の権利を守らなければいけないという正義感が生まれました。

さて、いかがでしたでしょうか。Aさんも B さんも歩きタバコをしている人を見て正義感が生まれたのですが、内容は全く違うものです。

Aさんは公共のルールを乱す人に対して正義感を生み出しました。Bさんは喫煙者の権利を侵害していることに対して正義感を生み出しました。AさんとBさんは真っ向からぶつかるような立場にいますが、どちらも感じているのは正義感からの怒りです。それぞれのコアビリーフにどう書いてあるかによって、生まれる正義感は変わります。

さらにCさんのケースも見てみましょう。Cさんのコアビリーフには A さんと同じように「歩きタバコはするべきでない」と書かれています。

1. 歩きタバコをしている人を見かけました。

2. コアビリーフには「歩きタバコはするべきでない」と書いてありました。

3. 悪いことをしている人はいるけど、特に自分が迷惑を受けているわけでもないし、関係がないことと意味付けをしました。

4. 特に何の正義感も生まれませんでした。

AさんとCさんのコアビリーフは同じです。ところが、Aさん、Cさんは同じ出来事にあったとしても、その後の意味付け、生まれてくるものは違ったものになりました。この違いは、歩きタバコはするべきでないというコアビリーフをどれくらい強く信じているかの差から生まれます。

Aさんはかなり強く歩きタバコはするべきでないと信じています。Cさんも一応そうは信じているものの、それほど強くは信じていません。そのため、Aさんは歩きタバコがどうしても許せないことと意味付けしたのに対して、Cさんは自分には関係のないことと意味付けをしたのでした。

私達は日常の生活、仕事、育児等で出合う様々な出来事について、実はこのようにいちいち自分のコアビリーフを見ては、それがどういうことなのか意味付けをしています。その結果、正義感が生まれることもあれば、生まれないこともあります。正義感から怒りを感じている人の心の中ではこのような動きがあるのです。

この一連のステップにかかる時間は一瞬なので、特に意識はされていません。ただ、アンガーマネジメントに慣れてくると、この心の動きが理解でき、自分の正義感が何にどう反応して生まれているのかわかるようになります。その動きがわかれば、正義感からの怒りに振り回されてしまうようなことはなくなります。

○コアビリーフの作られ方

では正義感を生み出す元になるコアビリーフは、そもそもどうやって作られるのかを見ていきましょう。

コアビリーフは生きていく中で学習や経験を通じて作られます。まずは親の教育、躾の中からコアビリーフは作られます。親は意識的、無意識的に何は正しい、何は間違っている、こういうことはした方がいい、しない方がいいといったことを子どもに教えます。

・ご飯は残さず食べるもの
・好き嫌いをしてはいけない
・嘘をついてはいけない
・人には優しくするもの
・自分のことは自分でするべき
・勉強するべき

・親の言うことは聞くべき
・学校には行くべき
・友達と仲良くするべき
・約束は守るもの
・ルールは大切にするもの
・準備は早くするもの
・男の子は男らしく、女の子は女の子らしくすること
・一度決めたら最後までやり遂げるもの
・我慢することは偉いこと
・間違ったことをしたらお仕置きをされるもの
・努力は報われるもの　等々

あなたもこうしたことを親から教わったのではないでしょうか。子どもにとって親は絶対です。成長するにつれて、親の言っていることが全てではないと思うようになりますが、まだ家族以外に接点がない頃は、親が言っていることが全て正しく、あらゆる事柄の基準

になります。つまり、親が言っていることが自分の辞書に正しいこととして記されていくのです。

それが本当に正しいかどうかは別の問題なのです。むしろ、親から正しいことと教わり、自分も正しいと信じ込んでいたことが、実は世間的には正しくなかったり、疑問に変わったりするようなことは多々あります。

また、自分が正しいと信じ込んでいることのせいで、自分を苦しめてしまうものもたくさんあるのです。自分の辞書が自分を苦しめるようなものになっているものをコアビリーフの中でも「不毛なコアビリーフ」と呼びます。不毛なコアビリーフについては第4章で詳しく説明します。

家族の中だけが世界であったうちは、それほど問題にならないコアビリーフですが、保育園、幼稚園、小学校と外の世界との接点ができ始めると様子が変わります。

コアビリーフは先生、友達などの考え方、発言、行動、自分の経験などを通じて、修正されたり、強化されたり、あるいはリセットされたりと、形をどんどん変えていきます。コアビリーフは一度作られたら、それでおしまいということではないのです。

ただ、親から教わったことの影響はとても大きく、親から教わり、作られたコアビリーフが、その後の人生の厄介事の種になり続けることはよくあります。

私の場合、「親の期待に応えるべき」というコアビリーフが長らく自分を苦しめることになりました。実際33歳の終わりまで、このコアビリーフによって、自分の人生が自分のためにあるのではないかのように思っているところがありました。

私の親は就職するなら公務員や、テレビでコマーシャルをやっているような大企業でなければ価値がないと考えているところがありました。私のキャリアはカナダの小さなベンチャー企業から始まります。私としては新しいことにチャレンジしているその会社がとても新鮮に見え、自分としてもそこで力を発揮してみたいと思いました。

ところが、親からはそんな誰も知らない会社で働くことに価値はあるのか、それが何の役に立つのかと随分と嫌味を言われたり、なじられたりしました。私としては自分のやりたいキャリアを選んだつもりだったのですが、自分がやっていることは間違いなのではないか、他の道を探した方がいいのではないかと悩みました。

その後、仕事でアメリカに行くことになり、アメリカ人の友人達にこのことを話すと、自分の人生なのに、一体何を悩んでいるんだ?と不思議な目で見られたのは衝撃的でした。自分にとっては当たり前の「親の期待に応えるべき」が、友人たちにとっては何を悩むのか意味がわからないくらいのことでしかなかったのです。

もちろん、アメリカ人全員が親の期待には少しも応えなくていいと思っているわけではありません。ただ、文化的に日本の家長制度のようなものがないので、長男（私は長男です）だから、「こうしなければいけない」といったものは、少なくともありません。

その後、アンガーマネジメントを学ぶ中で、長らく自分を苦しめ悩ませたコアビリーフは書き換えられ、今ではそのことで自分を責めるようなことはなくなりました。

正義感を生むコアビリーフについては、「正しさ」が強く関係します。自分がこれまで学び、経験してきたことの中で、何を正しいと信じているかです。

例えば、ルールは守るものというコアビリーフがとても強い人は、少しのルール違反も正義に反したことに思えます。我慢することが偉いことと信じている人にとっては、我慢していない人を見ると許せません。自分は外出したくても我慢しているのに、我慢もせずに出歩いている人達は正しくないと怒るのです。

正義で怒っている人達の目には本人が信じているコアビリーフに書いてあることとは違うことをしている人がいると映っているのです。コアビリーフは本人にとっては絶対的に正しいもので、大切なものです。コアビリーフに書いてあることとは違うことをしている人がいるということを、自分のコアビリーフの存在が脅かされていると無意識のうちにとらえます。すると、大切なものを守ろうとして防衛感情である怒りを生み出すのです。

○心の闇が解決できていない人が正義感で怒る

正義感で怒る人が目立つ最近ですが、こうした人達は本当の意味での正義感から怒っているのでしょうか。私はそうではないと考えています。コロナ禍の中で、急に正義感から怒るようになった人達というのは、他の問題が解決できずに怒りを抱えてしまった人が、その怒りのはけ口を正義の名の下に見つけているだけです。

怒りの感情はどこにでも持ち運ぶことができる、いわばポータブルな感情です。例えば、会社で上司から叱責されてイライラしたとします。その怒りは上司との関係の中で生まれたものですが、その怒りを持ったまま家に持ち帰ることができます。会社から不機嫌に家に帰ることができるように、朝夫婦喧嘩をして、その怒りを持ったまま会社に行くこともできるのです。

また、怒りは矛先を固定できません。矛先を固定できないというのは、怒りはどこにでも向けられるということです。

会社で上司との間に生まれた怒りを家に持ち帰って、家族に向かって発散する。逆に夫婦喧嘩の怒りを会社で部下に発散する。といった具合に、怒りは生まれた場所で完結するのではなく、場所や対象を変えて向けられます。これを私達は「八つ当たり」として知っています。

アンガーマネジメントを知らない人、言い換えれば、怒りの感情との上手な付き合い方を知らない人は、怒りは発散させるものとして、その方法を探します。怒りを発散させようとする発想は構わないのですが、得てしてその方法を間違います。

例えば、人に当たる、やけ食い・やけ酒など、怒りがより強くなったり、あるいは建設的でない方法を選びがちです。建設的でないというのは、それをすることでマイナスな結果が生まれるということです。

また、怒ることは良くないこと、怒ったら人に嫌われるのではないかと思う気の優しい人は自分の中に怒りを溜め込みます。自分が悪いのかもしれない、こんなことで怒りを感

じる未熟な自分がいけないと自分を責めてみたり、自分が我慢すればことが丸くおさまるのだからと持ちきれないほどの怒りを抱えて、心身に不調をきたしたりします。

私達は生きていれば、必ず怒りを感じます。怒りを感じない人はいません。コロナ禍の中では、マイナス感情・状態が大きくなっていて、怒りの火花に送るガスがいつも潤沢にあります。ちょっとしたことでも、すぐに大きな怒りの炎が燃え上がるようになっています。

世の中を見れば正義ではないことはいくらでもあります。誰もが聖人君子ではありませんし、むしろいつでもどこでも清廉潔白で非の打ち所がない人の方が少ないですし、それが人というものでしょう。

また、皆が一生懸命問題を解決しようとしていても、それぞれの立場からすれば正しいことが、相反するということもあります。コロナ禍ではまさにこの問題が大きく取りざたされました。人命を優先させるのか、経済を優先させるのか。

感染症の専門家の立場からすれば、まずは感染を防ぐためには人の移動を制限しようというのも理解できることです。一方で経済の専門家からすれば、経済が止まることによって人命が失われるから、経済は動かし続けなければいけないというのも理解できます。

双方ともに人命の重さを主張していますが、そのためにした方が良いと考えた施策は真逆とも言えるものです。そしてそれを聞いている私達一般人は、「どちらの方が正義か」と自分のコアビリーフを見ながら意味付けをするのです。日本だけでなく、世界をあげてどちらの方が正しいかと議論をしているような問題です。そこに多くの軋轢が生まれます。

それぞれの立場から見ると、望ましくない行動をする人達もたくさん現れます。

自粛をした方がいいという立場の人は自粛を求めます。いやいや経済を動かした方がいいという人は出歩きます。この間に軋轢が生まれ、相手に対して正義感から怒りが生まれるのは不思議なことではありません。

問題はここからです。怒りを感じたとして、その怒りから報復や制裁をするような行動を実際にするか、しないかです。

私達市民は公権力ではありませんから、誰かを裁くことはできません。それを法治国家として司法に委ねることで治安が保証され、安心して生活ができます。

ところが「悪いことをしたらお仕置きをされるのが当然」のような強いコアビリーフを

持っている人は、相手が悪いことをしているのだから、自分が司法になり代わって制裁を下しても問題ないとすら思うことがあるのです。そう思うからこそ、県外ナンバー狩りをしたり、自粛しなかった人の個人情報をネットに晒すなどの行為ができます。

こうした行為ができてしまう人は、実は他のことによる怒りを持っていて、たまたま見つけた発散できる相手（自粛していない人）に正義という大義名分の下、怒りをぶつけているに過ぎません。

言ってしまえば、自分で解決できない怒りの問題から目を背けて、怒りをぶつけやすい対象で憂さ晴らしをしているだけです。普段の生活の中で特に怒りを感じるような問題がなければ、こうした行為にはおよびません。

根本的な問題が解決できておらず、解決する術も知らないので、次から次へと怒りをぶつけられる対象を探し続けます。「なぜうまくいかない」「なぜ自分がこんな目にあわなければいけないのか」と八つ当たりをし続けるのです。

けれどどんなに八つ当たりを繰り返しても、本人の気が済

むことはありません。なぜなら、八つ当たりをしても、自分の心の中にある闇は何も解決されないからです。

自分が関わらなくていいようなことについて、正義感から強い怒りを感じているとしたら、そこには本当は他に解決しなければいけない問題が隠れています。そのことに気が付かなければ、怒りの免疫過剰によって自分自身を一層苦しめることになってしまうので要注意です。

○正義感を暴走させる目的

正義感は放っておいても暴走はしません。暴走する場所があるから暴走します。今は正義感を暴走させやすい環境が整っています。

正義感を暴走させやすい場として、一番に挙げられるのがネットの世界です。第1章でも紹介しましたが、ネット上では1日に約3件もの炎上案件が起きています。炎上案件は正義感を発揮して何かや誰かを責めるケースがほとんどです。ネット上で正義感を発揮しやすいのは、なんと言ってもその匿名性にあります。実際のところはプロバイダ開示請求をすれば、悪質な書き込みについては本人の特定ができるのですが、一般的に言えば、それはまだまだハードルの高いことです。そういう認識の下、自分の正義を言いたい放題に言える場ととらえています。私は仕事柄、世の中の人は何を怒っているのか調べているので、ニュースのコメント欄をかなりよく見ます。するとそこには、本当に数え切れないほどの正義を目の当たりにすることができます。

「こんなところでそれを言ったところで一体何になるのだろう」とこちらには見えるの

ですが、書くことで誰かが自分の正義を見てくれる、場合によっては「いいね」を押して認めてくれるとあって、正義なコメントを書き込んでいます。

コメントの目的はその対象に届くことにはなく、コメントを見てくれている人から承認されることにあります。それで満足します。どうやっても対象の本人には届かないニュースであっても、大量のコメントがついていることがそれを示しています。

例えば、アメリカの有名セレブがクリスマスに家族に内緒で犬をペットにしようと連れて帰ったら、家族からびっくりされて困ったといったニュースがありました。

ところが、そのニュースのコメント欄には、

「ペットは家族で相談してから迎え入れるものです」「優しさよりもサプライズを優先させるなんておかしい」「セレブだからって許されることじゃない」「動物の命を粗末に考えている」等々、正義がこれでもかというくらいに並びました。

どう考えても、これらのコメントがそのセレブに届くことはないでしょう。書き込んでいる本人も、そのセレブに自分のコメントが読まれるとは思っていないはずです。それでも書かずにはいられないのは、先に言った通り、自分の意見が世間の目に止まって欲しい、そして自分を正しいと認めて欲しいからです。

はっきり言えば、アメリカのセレブが何をしようとも、自分の人生には関係のないことです。これが動物保護に人生を掲げているといった事情があるのであれば、そうした影響力のあるセレブの行動を放っておけないというのはわからないでもありません。しかし、コメントをしている人のほとんどはそういう人ではないでしょう。

正義感を暴走させて怒る人は、普段自分の居場所がない、自分は受け入れられていないと感じている人です。普段いる場所で認められていない、受け入れられていないと感じているので、自分が認められる、受け入れられる場所を探し続けています。ネットであれば簡単に自分の意見をコメントすることで、手っ取り早く自分の正しさを主張できるのです。

また、ニュース欄はコメントに対して反論がしにくい仕様になっていることが多いので、自分の意見に対して否定的なコメントがあったとしても、気づきにくいところがあります。そこがまたコメントする側には都合が良いのです。

正義を振り回して怒っている人には孤独な人が多いです。孤独だからこそ、その孤独を埋め合わせるために、誰彼構わずにちょっかいを出していくのです。

ここで言う孤独は家族がいても、会社で働いていても関係ありません。周りに人がいるかどうかではなく、その場に自分の居場所があると思えているかどうかが重要です。周りに人がいっぱいいるのに、自分の居場所がないと思えば、むしろ孤独感はより強くなります。

逆に一人でいても、自分の居場所があると思っている人は孤独を感じてはいません。周りにいる人の人数で孤独は決まらないのです。

自分が認められている、受け入れられていると思っている人には、周りに話を聞いてくれる人がたくさんいます。わざわざ見ず知らずの人に正義を言う必要もなければ、怒ることもないのです。

残念なことにこうして正義を振り回す人は、どんなにコメントをしても、実際に行動をしても、満足することはありませんし孤独を埋めることもできません。自分で自分のことを受け入れられていないことが、孤独の根にあるのです。

自分が自分を受け入れられないのは、穴の空いたコップにずっと水を注ぐようなものです。どんなに周りから認められたとしても決して水が溜まることはありません。まずやらなければいけないのは、水を求めて歩き回ることではなく、コップの底に空いている穴を塞ぐことです。

○なぜ正論は嫌われるのか

正義感から怒る人は必ず正論を言います。正論というくらいですから、言っていることは確かに正しいのですが、正論は本当に人から嫌われます。

先に挙げたアメリカのセレブのペットのコメント欄に並ぶのも、まさに正論ばかりですね。ペットは家族で相談してから飼うものでしょうし、サプライズよりも優しさを優先させたほうがいいものでしょう。言っていることは本当にいちいちそのとおりだなと思います。でも、人はそんなに正論通りに生きているものでしょうか。そして、正論をかざしている側も、いつも正論の通りに生きているのでしょうか。

正論を言う側からすれば、自分が言っていることは正しいという自信があります。その正しさを受け入れられないのは、相手に非があるとも思っています。残念ながら、正論を言う人は、人への理解が欠けています。人はなんでもかんでも合理的に考える生き物ではないですし、感情があります。そのことがわかっていません。

正論を言われた側の反応は「言っていることはそのとおりだけど、それはここでは脇に置いておいて欲しい時じゃん！」です。

正論の正しさは理解できます。でも、それはそれとして「その通りにならないのが今だよね」ということです。

正論は相手に取り付く島を与えません。いわば、相手を拒絶しているのが正論です。正論を言っている側がこちらのことを拒絶しているのですから、こちらも相手を受け入れたいとは思わないのが人情です。人の気持ちへの配慮がかけたものが正論です。正論は相手を受け入れる気がないというサインと受け取られるのです。

人が求めているのは理屈ではなく共感です。「そうは言ってもそうだよね」「あなたにはそうした理由があるよね」と、まずはこちらの言い分を受け入れてくれることを求めているのです。

正論を言う人は、自分のことを認めてほしくて正しいことを言っているつもりですが、認めて欲しい、受け入れて欲しいのであれば、その方法を間違えています。なぜ間違えてしまうかと言えば、普段から自分のことばかり考えているからです。

厳しい言い方をすれば、普段からそこを間違えているので、周りの人から距離を置かれ、自分の居場所をつくることができずにいるのです。

正しいからと言って、必ずしも人が受け入れてくれるとは限りません。そもそも自分が正しいと思っていることは独りよがりの正しさなのかもしれません。

正論を振り回している人を見ていると、イソップ寓話の『北風と太陽』を思い出します。旅人のコートを脱がせた方が勝ちという力比べを北風と太陽がします。北風はビュービューと寒い風を旅人に向かって猛烈に吹き付けます。風が強ければコートが飛ばされると考えるのは正論と言えば正論です。ところが風を吹き付ければ吹き付けるほど、旅人はコートをしっかりと押さえてついに脱がすことはできませんでした。

一方で太陽は暖かく旅人を照らします。す

ると旅人は暑さに耐えられずコートを脱ぎ、太陽が勝ったという話です。

　これは物事に対して厳しくあたるのか、寛容な態度でのぞむのかを比べる話として使われます。もうおわかりだと思います。正論は北風、共感は太陽と言えます。

コラム ❶

お客様は神様という誤解

とても残念なことに日本には、「お客様は神様」という非常に歪んだ思い込みをしている人が多く見られます。お客様は神様だと信じ込んでいる人は、お店がお客の言うことを聞くのは当たり前、客をないがしろにするとは何事だと、店員さんに強い態度、横柄な物言いをしたり、あるいは土下座を強要するなど、度を超えた迷惑行為におよびます。

こうした人達は会社であればクレーマー、病院ではモンスターペイシェント、学校ではモンスターペアレントと呼ばれ、高圧的な態度で、言うことを無理やりきかせようとする厄介で迷惑な存在です。

この「お客様は神様です」は故三波春夫さんの言葉とされています。ところが、三波さんが意図したこととはかなり違う意味で広まってしまいました。

〝三波にとっての「お客様」とは、聴衆・オーディエンスのことです。また、「お客様は神だから徹底的に大事にして媚びなさい。何をされようが我慢して尽くしなさい」などと発想、発言したことはまったくありません。〟

(三波春夫オフィシャルサイト https://www.minamiharuo.jp/profile/index2.html)

まさに客側にとって言葉を都合よく解釈したものが広まっていて、そのことで苦い思いをしている人が世の中にたくさんいることは、三波さんが生きておられたら、忸怩たる思いをされたのではないでしょうか。

最近ではカスタマーハラスメントという言葉が話題にのぼるようになりました。カスタマーはお客さんのことですから、お客さんからのハラスメント、つまり嫌がらせのことです。

私は2016年度、厚生労働省の「職場のパワーハラスメント防止対策についての検討会」の委員を務めました。議題はあくまでも職場におけるパワーハラスメント防止対策だったのですが、2018年3月に発表した同検討会の報告書では、カスタマーハラスメントについても次のように意見がまとめられました。

〝顧客や取引先からの悪質な迷惑行為が社会的な問題になっている状況を踏まえれば、顧客や取引先からの悪質な迷惑行為の問題に対応するためには、事業主に対応を求めるのみならず、「カスタマーハラスメント」などの名前をつけて周知・啓発を行うことで、社会全体で機運を醸成していくことが必要であるという意見が示された。〟

パワーハラスメントとは違うため、本会では具体的には扱わないけれど、国民で問題意識を共有していくことは大事だという意味合いです。この時点ではカスタマーハラスメントについてどうするか、その内容にまで突っ込んだ議論はされなかったのですが、ここにきてカスタマーハラスメントが看過できない程大きな問題となっていて、国としてもいよいよ本格的に対策に乗り出そうという動きがでてきました。

厚生労働省は2020年10月18日、2021年度にカスタマーハラスメントの企業向けの対応マニュアルを策定する方針を決めました。

カスタマーハラスメントが増えている背景には、コロナ禍のストレスや不安から、怒りを店員などに八つ当たりする人が増え、このことが従業員のメンタル不全の元になるなど、深刻な影響が出ているのです。

お客さんも店員さんも同じ「人」ですから、対等な立場です。どちらが上ということはありません。そんなことは言われなくても当たり前と思うかもしれませんが、こうして本書を書いている私も恥ずかしながら20年前はそれが当たり前という感覚は薄かったように思います。

20年前、アメリカに行った時の話です。私がスーパーのレジで並んでいると、前の方で店員さんとお客さんが言い合いになりました。店員さん曰く、お客さんが差別用語を使ったということでした。その店員さんは上司を呼び「お客さんから差別発言をされたため、この人のレジを自分はしたくない」と主張していました。

お客さんがなぜ差別発言をしたのかその経緯はわかりませんでしたが、レジをしないと言ったことについて、怒っているのはわかりました。

この時点で私は内心、日本なら店員さんがお客さんにそんなこと言うなんてあり得ないよななんて思っていたら、さらに驚くことがありました。

事情を聞いた上司がお客さんに、今日はもう買い物をしないでお店から出ていくように言ったので

した。「上司までお客さんに出ていくように言うんだ！」ととても驚いた記憶があります。

当時、私は会社員でしたが、学生時代にコンビニ、ファストフード、居酒屋などでのアルバイト経験があり、お客さんからクレームを言われたり、怒られたりしたら、とにかく謝るものという感覚でした。こちらがお客さんに対して何かを言うなんて、選択肢にありませんでした。

正義を振り回す人は、お客様は神様ですと同じ理屈で、理不尽に高圧的に怒っているように見えます。正義がある自分のほうが偉い。偉いほうの言うことを聞くのは当たり前。反論するなんてもっての他だといった具合です。

第一章にも書きましたが、正義は玉虫色をしています。その時、場所によって、あるいは条件がほんの少し変わるだけで、何が正義かなんて簡単に変わります。絶対的に正しいものなんてないですし、ましてや、正義を唱えるほうが上なんてこともありません。

「お客様は神様です」この言葉がいかに間違った解釈で広がり、この言葉で人を攻撃する人、される人がいるのか。そして泣き寝入りをしたり、一方的に理不尽に怒られメンタルをやられてしまう人もたくさんいます。

皆でこの言葉の解釈の誤りを知り、認めないようにしていくことが、カスタマーハラスメントが社会問題になりつつある今、本当に必要です。

3章

正義中毒になる人、ならない人

○正義中毒になる人が増えている

あなたの周りを見回した時、正義感を振り回して怒っているのはいつも同じ人ではないでしょうか。なぜ、いつも同じ人かと言えば、その人はまさに正義中毒という状態になっているからです。

本書をお読みのあなたは「正義中毒」という言葉にピンとくると思います。いつから日本で正義中毒という言葉が言われるようになったと思いますか。ずっと昔から使われていた言葉だと思いますか。

言葉がいつから使われているかを調べるのはGoogleトレンドというツールを使うのが便利です。GoogleトレンドはGoogleでどのような言葉がいつ、どれくらい検索されているのかを調べることができるものです。２００４年以降からであれば、言葉の検索の有無を調べることができます。

Googleトレンドで「正義中毒」を検索してみると、「ここに表示するデータはありません。誤字、脱字がないことを確認するか、より一般的な用語をお試しください」と表示されます（２０２０年12月現在）。つまり、Googleではまだそれほど検索をされていない言葉なので、結果を表示する程十分なデータがないということです。

では今度は普通にGoogleで「正義中毒」と検索をしてみます。そして検索結果に表示されるその記事が書かれた日時を見てみます。するとほとんどのものが２０２０年であることがわかります。

正義中毒という言葉はどうも２０２０年、コロナ禍になってから急に言葉として使われるようになったと見てよいかと思います。

ところで、「中毒」ってなんでしょうか。中毒という言葉はよく聞きますし、使うことがありますが、改めて中毒とは何かを見てみましょう。実は中毒には2種類の意味があります。

１つ目の意味は「体内に毒性を持つ物質が一定以上取り込まれることによって機能異常を起こす」ことです。中毒は、本来は毒に中《あた》るという意味です。食中毒、ガス中毒、水銀中毒、急性アルコール中毒などが当てはまります。

食中毒であれば、悪いものを食べてしまい、嘔吐したり下痢をしたりと体調不良の状態になっています。こちらの中毒の場合は、わざわざ自分から中毒になりにいく人はいませ

ん。食中毒、ガス中毒になりたくて、あえて悪いものを食べたり、ガスを吸う人はいないわけです。

2つ目の意味は「それがなかったり、足りなかったりすると飢餓感を覚える」ことです。言わば依存のことです。仕事中毒、活字中毒、薬物中毒、アルコール中毒といったものが挙げられます。仕事中毒であれば、仕事をしていないと気が済まない状態になっていて、いつも仕事をしていたいと思うようになります。もしくは本当のところ仕事はしたくないけど、仕事をしていないと気が引けるとか、仕事をすることで気を紛らわすことができるので、仕事ばかりをしている状態を言います。

一般的に言えば、1つ目の中毒の意味、2つ目の中毒の意味は違いますし、別物として扱われます。例えば「急性アルコール中毒」は、アルコールを短時間で多量に飲んだことで生じる中毒です。いわゆるアル中（慢性アルコール中毒）とは別物です。急性アルコール中毒と言えば、大学の新歓コンパで大学1年生が急性アルコール中毒になり救急車で運ばれたというニュースが、毎春のように流れます。中毒になりたくてなっているわけではなく、飲み慣れていないお酒を短時間に大量に飲むことで、中毒になってしまったという状態です。

一方で慢性アルコール中毒は生活、仕事、育児等々、何か問題があり、その問題を忘れるため、その問題の痛みを和らげるために長い期間にわたり飲み続けることで、お酒がないといられない状態になった人のことです。

さて「正義中毒」と言った時、1つ目、2つ目のどちらの意味としての方がピンとくるでしょうか。

私は両方あると思っています。1つ目の意味であれば、急性正義中毒です。Googleトレンドの結果で説明したように、正義中毒は2020年になってから急に使われる言葉になりました。2020年はそれだけ正義という言葉が世の中に大量に溢れたタイミングだったのでしょう。

正義が世の中に蔓延した結果、正義を短期間で大量に見ることになった人達は、許容量を超える正義がいきなり体に入ってきて、正義の毒にやられて具合が悪くなりました。これが1つ目の正義中毒です。自分から望んで正義を取り入れたかったわけではないのに、あまりにも身の回りに正義が多くて急性正義中毒になった人が増えたのでした。

２つ目の意味としては、正義が少ない、足りないと正義を探し続け、正義と思えるようなことを見つけては「これが正義だ！」「それは間違っている！」と声高に主張されている状況があげられます。

この人達は正義に飢えています。はっきり言ってしまえば、その正義は何でもいいのです。政治、動物愛護、家庭、夫婦、仕事、会社、育児等々、テーマは関係なく、その中で何が正義で、何が間違っているのかを目ざとく見つけます。正義を振りかざすことで、問題が解決してもしなくても、どちらでも構いません。なぜならば、大切なことは正義を言うことだけだからです。

何かの問題を解決したいとか、何かについて問題意識を持っているとかではなく、正義に餓えているだけの状態です。先程の人達が急性正義中毒であれば、こちらの人達は慢性正義中毒と言えます。慢性と言ってもわずか数ヶ月のうちに慢性になっているのですから、正義の中毒度は非常に高いと言えるでしょう。

○なぜ正義は中毒度が高いのか

本書で問題にしているのは慢性正義中毒の人です。まずは慢性正義中毒者がなぜ正義中毒になるのかを見ていきましょう。正義が中毒になり、また中毒度が高いことには次の3つの理由があります。

1．気持ちがいいから
2．社会との一体感が持てるから
3．わかりやすいから

まず、正義って単純にとても気持ちがいいものです。正義の味方は誰にとっても人気者です。その正義に自分がなれるのですから、気持ちよくないわけがありません。

私達は子どもの頃から正しいことをすれば褒められ、間違ったことをすれば怒られました。正義でいれば、人から褒められるし、認められます。誰でも褒められ、認められたら嬉しいものです。

気持ちがいいものについて依存しやすくなるのはなんとなくわかりますね。気持ちがいいから繰り返し、それをしたくなったり、使いたくなったり、食べたり、飲みたくなったりします。そうこうするうちにそれがないと気持ちが悪い、居ても立ってもいられない状態になります。

自分が正義を感じている間、自分は正しいということに溺れることができます。自分が正しいと思っている間は気持ちがいいのです。だから、その気持ちのよさを手放すことができず、ずっと持っていたいと思い続けます。

そして、自分が正義でいれば、社会と一体感を得ることができます。基本的に社会は正

義を求めていますので、自分が正義であるうちは社会があたかも自分の後ろ盾のようになってくれると思えます。ネットで正義をコメントすれば、たくさんの「いいね」がつきます。中には賛同のコメントをしてくれる人もいます。普段、こんなに自分に対して「いいね」をしてくれる人は周りにいません。正義を言うことで、自分は孤独ではない、社会が自分の味方であることを感じることができます。

人は社会的な動物と言えます。常に仲間、コミュニティと一緒にいることで身の安全を感じることができます。集団に属することは、自分の安全を確保することでもあるのです。そのため、人は無意識、意識的にコミュニティを求めます。正義でいることは、自分の身の安全が保証されたと感じることなので、手放すことができないのです。

さらに、正義はなんと言ってもわかりやすいものです。正義中毒の人は度を超えて正義を主張するので、間違えることや煙たがれることが多々ありますが、正義の理屈そのものはわかりやすいです。

例えば、ルールを守っていない人にルールを守れ！という正義はわかりやすいものです。そのルールが本当に守らなければいけないものなのか、守ることで一体どうなるのかといった、細かな話は脇に置いておきます。なぜなら、先にも書きましたが、正義中毒者の正義は、問題解決よりも正義を言うことが最優先されるからです。

今は不透明な時代とも言われています。何が正解で、何が間違っているのかがよくわからず、不安を感じている人は多くいます。物事がわからない、見通しがつかないことは人をとても不安にさせます。不安で苦しい人は、わかりやすいものに飛びつきます。正解やわかりやすいものが少なくなっている今、正義には飛びついてしがみつきたくなる、わかりやすさがあります。そして、わかりやすさは手放しにくいものです。だから正義を簡単に手放すことができません。

では次に、なぜ正義は急性正義中毒を起こすほど毒性が強いのでしょうか。別に誰が正

義を叫んでいようとも、自分には関係なさそうなものですが、実際には正義の毒に当たってしまう人がいます。コロナ禍以降、正義の毒に当たってフラフラになっている人が増えていると感じていますが、あなたはどうでしょうか。

正義の毒が強いことの理由には次の3つの理由があります。

1. 強い同調圧力

2. 間違えたくないという恐怖感

3. 息苦しさ

正義の毒の強さは何と言ってもその同調圧力にあります。正義に対して真っ向から、それは正義ではない！と叫んだり、自分は正義でなくていい！と言うのはかなり勇気のいることです。「出る杭は打たれる」と言いますが、今の日本はその傾向がより一層強くなっているように見えます。誰に対しても「皆と同じであれ」という雰囲気を、何となく感じているのではないで

しょうか。

例えば、芸人さんと言えば言い方は悪いですが、気質《かたぎ》ではない職業の人達です。昔は芸の肥やしと言って、例えば歌舞伎役者や落語家が女役を演じるのに、女性の仕草などを女遊びの中で覚えることを良しとする風潮がありました。

今、それを芸の肥やしなんて言ったら、そんなものは間違っている！とあっという間に大炎上することは間違いありません。私達とは別世界の理屈の中に住んでいるとも言える芸人さんにさえ、世間の人と同じであれとという圧力が加わります。

一方で今は多様性を重んじようとしています。社会全体にいろいろな人がいて、それらの人全てを尊重しようと政府も動いています。

私はこの多様性を進めようとする動きが、かえって同調圧力を強めていると考えています。なぜならば、多様性が進むことは、自分がこれまで信じてきた、大切にしてきたもの

が裏切られることが増えるからです。多様性が進むということは「あなたの隣にはあなたが理解できない人がいることになるけどOKにしよう」ということです。

怒りが生まれるメカニズムで説明したように、自分の隣に自分が理解できない人、受け入れたくない人がいると、「べき」が裏切られて怒りの火花が飛び散る回数が増えます。多様性が進むことは良いことだと頭ではわかっているつもりでも、実際に自分の生活の中、仕事の中でそれが起きることは望んでいません。

同調圧力はそうした多様性に対する動きへの大きな反発、多様性が進むことへの恐怖感から、より強く現れているのではないかと考えています。

今、日本人は「公正世界仮説」と呼ばれるものに囚われている人がとても多いです。この公正世界仮説が強くなっていることも同調圧力を強めている大きな原因です（公正世界仮説：143ページ参照）。

正義中毒の人が言う正義は度を超えたもの、言い方に問題のあるものがたくさんあると多くの人が感じています。ただ、言っている理屈そのものが正しいことはわかります。例えば、自粛をしていない人に向かって自粛をしろという正義はわかります。実際にその場でその人に向かって言うとか、ビラを配るといった行為には首をかしげますが、何を正義としているのかはわかります。その正義を否定することは、自分が間違うことになります。いや、正義の言い方や行動だけを批判すればいいのではないかという意見もあるでしょう。でも正義中毒の人に理屈を言っても届くとは思えません。なぜなら、理屈が冷静に考えられるようであれば、正義中毒にはなっていないからです。

多くの人は面倒くさいことには関わりたくないものです。私自身も関わらなくていいことであれば、わざわざ自分から関わるようなことはしません。何かに対して声を上げるのは勇気もいりますし、骨も折れます。事なかれ主義とは言いたくはありませんが、正義中毒の人達との間に波風を立てるようなことを、どれくらいの人が望むでしょうか。

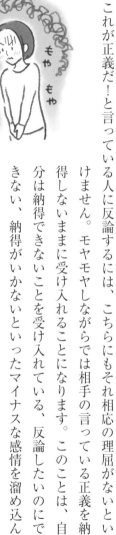

また、なんと言っても、自分が間違うかもしれないことをするのは、ハードルがとても高いです。

これが正義だ！と言っている人に反論するには、こちらにもそれ相応の理屈がないといけません。モヤモヤしながらでは相手の言っている正義を納得しないままに受け入れることになります。このことは、自分は納得できないことを受け入れている、反論したいのにできない、納得がいかないといったマイナスな感情を溜め込んでいきます。

マイナス感情は自分を苦しめるものですから、人の正義を受け続けている間に抱えきれない程のマイナス感情を抱く結果になります。

第1章にも書きましたが、正義が多くなると息苦しくなります。毎日「誰かに何かを言われたらどうしよう」「自分が攻撃の対象になってしまうのではないか」と心配していたら、息苦しくて仕方がありません。

正義は誰かに正義であれと強要します。強要されたら、誰でも窮屈な思いをします。正義に対しては反論がしにくいので、余計窮屈に感じるのです。

○あなたの正義中毒度をチェック

ここではあなたの正義中毒の程度を簡単にチェックしてみましょう。次の質問の当てはまると思うものにチェックをして下さい。少しでも当てはまるかなと思ったら、当てはまると回答して下さい。あまり考えずに直感的に答えて下さい。

●慢性正義中毒度チェック

- □ ニュースサイトのコメント欄に自分の意見を投稿したことがある
- □ 自分の意見を言うことは不得意ではない
- □ SNSで人（知人、他人含めて）に意見したことがある
- □ 子どもの躾ができていない親が多いと感じることがある
- □ ニュース等を見ていて、世の中に怒りを感じることがよくある
- □ 迷惑行為をしている人に直接注意したことがある

□ マナー違反、ルール違反をしている人が気になる
□ 人に何か注意することは平気な方だ
□ 誰かと会話をしている時、相手の間違いを正したいと思うことがよくある
□ 親の言うことをよく聞いた方だ

●結果の見方

0〜2個のチェックがついた方

あなたは慢性正義中毒ではありません。これからも今のままのペース、スタンスで正義について考えていれば、問題となることはないでしょう。ただし、正義について関わることが面倒で、無意識のうちに目を逸しているようなことがあると問題です。正義感を持つことは悪いことではないですし、必要な正義感もあります。自分にとって本当に必要だと思う正義については意見を言うことを躊躇わないで下さい。

3〜4個のチェックがついた方

あなたは軽度の慢性正義中毒です。もしかすると自分が中毒になっていることの自覚があまりないかもしれません。生活や仕事をしていて、正義について反応することがたまにあります。基本的には問題はありませんが、自分のアンテナにひっかかるような問題については時に頑固な程に首をつっこんでしまうことがあります。必要以上に関わることもあるでしょう。そんな時は、一歩退いて、自分の考え、意見を見直してみましょう。

5~7個のチェックがついた方

あなたは中程度の慢性正義中毒です。正義感からつい言ってしまった、してしまったことで後悔をすることがあります。気持ちが安定している時は正義感に頼らなくても自分の怒りにどうにか対処することができますが、状況が悪かったり、苦しくなってくると、正義感への依存が強くなり、誰か、何かを攻撃することで、自分を保とうとしてしまいます。正義を振りかざしてしまいがちなもの、例えばニュースサイト、SNS等から距離を置きましょう。

8個以上のチェックがついた方

あなたは重度の慢性正義中毒です。誰彼見境なく、議題もなんでもよく、正義の名の下に誰か、何かを強く攻撃しています。あなたが示したいのは本当に正義でしょうか。普段の生活の中での憂さ晴らしに、正義を使っているのではないでしょうか。もしただの憂さ晴らしが目的で正義を振り回しているようであれば、そこからは何も建設的なものは生まれません。また、周りから理解されないことの焦燥感から、さらに自分を追い込むことになり、正義の悪循環は一層悪化します。場合によっては専門家の助けを借り、自分自身を冷静に見つめなすことも考えて下さい。

さて、いかがだったでしょうか。自分が自覚していた以上に正義中毒にはまっていたでしょうか、それともそれほど心配することはなかったでしょうか。

いずれにしても、ここで一番意識して欲しいのは、正義感から何かを思ったとして、それは本当に正義感から生じていることなのか、それとも普段の生活の中で解決できていない問題や怒りを、正義感を使って晴らそうとしているかということです。

もし後者であるなら、根本の問題を解決しない限り、正義を求めて、正義への依存はさらに強くなっていきます。目の前の問題から目を逸らすための口実に、正義を見つけないで欲しいのです。

では今度は急性正義中毒度をチェックしてみましょう。やり方は先程の慢性正義中毒度チェックと同じです。少しでも当てはまると思ったら、チェックを入れて下さい。

●急性正義中毒度チェック

- □人の意見にモヤモヤしても自分の意見を言えないことがある
- □同調圧力には弱い方だ
- □今の世の中は息苦しいと感じることがある
- □社会からはみ出したくないと思う
- □人の目が気になる
- □SNSに投稿する時は炎上しないように気をつけている
- □正しくあろうと心がけている
- □最近、気の抜ける時間が減ったように感じることがある

□　○○ハラスメントと名のつくものが多すぎると感じることがある
□　情報が多すぎて何が正しいのかもはやよくわからないと感じることがある

●結果の見方

0〜2個のチェックがついた方

あなたは急性正義中毒ではありません。正義に対して過敏に反応することなく、一歩退いて世の中を見ることができています。正義に対する今の感度を大事にしながら、これからも生活、仕事をしていれば問題ないでしょう。自分の人生を息苦しくしないためにも、これからも正義と適切に距離をとりながらいきましょう。その加減が上手にできていますので、心配はいりません。

3〜4個のチェックがついた方

あなたは軽度の急性正義中毒です。世の中で話題になっている何が正義で、何は正義ではないかということを情報として知っています。そして、その中で自分の身近でも起きていると思えるようなことがあり、敏感に反応している部分があります。自分が共感できないこと、賛成できないことについて意見することを思い切ってやっていきましょう。正義中毒者の攻撃をまだそれほど恐れていない今から、反対意見を言うことを躊躇わずに練習をしておきましょう。

5～7個のチェックがついた方

あなたは中程度の急性正義中毒です。正義を振り回す人に敏感になっていて、できる限り波風立てないように気をつけています。そんな気配りから、どうしようもない閉塞感、息苦しさを感じています。このままでは何をするにも怯えながら、怖々とすることになってしまいます。生活や仕事をしていれば、時には闘わなければいけないこともあります。闘うことで大切なものを守ることができるのです。安全に行きたいという気持ちもわかりますが、どんなに安全に気を使っていても、もらい事故のようなことは起きます。自分にとって本当に大切なものについては闘うことを厭わないで下さい。

8個以上のチェックがついた方

あなたは重度の急性正義中毒です。見ず知らずの人の振り回した正義に萎縮し、怯えています。誰かの正義はあなたを攻撃するためにあるのではありません。もしかすると、攻撃されていないことでも、攻撃をされたと思っているかもしれません。心の平穏を取り戻すためにアンガーマネジメントの専門家に相談することも選択肢に入れて下さい。一人で解決するよりも、誰かのサポートを受けた方が圧倒的に速く、楽なことも多くあります。

コラム ❷

ノイジーマイノリティにマイクを渡さない

正義で怒っている人はある意味わかりやすい人です。なぜなら、その人が振りかざす正義は、一般的には理解される正義だからです。マスク警察、自粛警察、県外ナンバー狩りのような行き過ぎた正義であっても、何を正義としているのか理解はできます。

ただ、世の中にはわかりにくい正義で怒る人達もいます。その人達は「ノイジーマイノリティ」と言われることがあります。ノイジーマイノリティの「ノイジー」は声が大きい、「マイノリティ」は少数派という意味です。直訳すれば声の大きい少数派となります。

日常生活において、声の大きい人の方が意見も通るし、得をしているのではないかと思える場面を見ることはあります。

けれど果たして本当にそうでしょうか。私はそうは思いません。ノイジーマイノリティと言われる人達はほとんどの場合、得はしていないでしょう。だから少数派のままなのです。本当に得をするのであれば、マジョリティ（多数派）になるはずです。

正義感から怒っている人、自己主張をしている人を見た時、その人の正義が本当に聞く価値のあるものなのかをよく見てみましょう。声が大きいという理由で聞くというのであれば、それこそ正義ではありません。声が小さくても聞くのが正義ではないでしょうか。

ノイジーマイノリティの反対は「サイレントマジョリティ」です。サイレント（沈黙）、マジョリティ（多数派）です。多くの人はいろいろなことにいちいち関わるのが面倒なので、特に何も言いません。実はそちらの方が圧倒的に数は多いのです。

ただ、この「面倒くさいからそのまま言わせておく」のは本当に問題です。ノイジーマイノリティにマイクを渡しているようなものです。ノイジーマイノリティ側からすれば、何も言ってこないということは言い分を認めたと捉えられます。

ちなみにノイジーマイノリティにとって一番酷なのは、無視をされることです。存在を認められないと言ってもいいでしょう。彼らは声を大きくすることで存在を知ってもらう、言い分を認めてもらおうとしているので、自分の声が届かなければ何もなりません。

ゴネ得を認めないためには、放っておくのではなく、そんなことをしても意味がないという立場を明確にすることです。

誰がどんな意見を持って、何を言うのかは自由です。少数派であったとしても聞くに値することはいくらだってあります。それが民主主義の良いところです。ただ、だからといって少数派、特に声が大きいからという理由だけで、無茶な要求を飲んではいけないということです。

面倒くさいから関わらなかった結果、相手が認めてもらえたと図に乗るという構図が、日本の会社でも家庭内でも、ご近所付き合いの中でもよく見られます。

4章

正義感の手放し方

○どこまで正義感を手放せばいい？

ここからは正義感を手放そうということをお話していきます。正義感って手放していいの？という疑問を持たれると思います。

そうですね、正義感を手放したら、正しく生きられないような気がするし、社会人としても良くないような気がします。それでもある種の正義感は手放した方がいいと断言します。

「ビッグクエスチョンを覚えていますか。そう、「ビッグクエスチョンに合わない正義感は手放そう」です。改めて、ビッグクエスチョンを思い出してみましょう。

ビッグクエスチョン：自分にとって周りの人にとって長い目で見た時に健康的か？

正義感を持つことは自然なことですし、悪いことではありません。ただ、その正義感によって、長い目で見た時に自分や周りの人が心身ともに健康的でなくなるのであれば、その正義感は手放した方がいいと言えます。どうしても手放せないというのなら、少なくとも緩めた方がいいです。

ビッグクエスチョンに合わない正義感が生まれる理由はもうわかっています。これには不毛なコアビリーフが関係しています。コアビリーフとは、「自分の心の中にある辞書のようなもの」でした。コアビリーフは親の躾、教育や自分の経験などを通じて作られていくものでした。一度作られたらもう変わらないというものではなく、一生を通して変化していきます。

人は何か出来事にあった時に自分のコアビリーフを見て、それがどういう意味を持つのか意味付けをします。その意味付けの結果、正義感が生まれ、さらにその正義感をもとに感情が生まれるのでした。

コアビリーフは自分の辞書ですから、少なくとも自分にとっては正しいものです。言ってしまえば、この世の中にあるコアビリーフは全てが正解です。間違っているコアビリーフはありません。仮にそのコアビリーフが反社会的なものであったとしても、信じている本人にとっては正解になります。例えば、テロリストはテロ行為をすることが正義だというコアビリーフを持っています。社会からすればとんでもないことですが、少なくとも本人達にとっては正しいもの、疑いようのないもの、慣れ親しんだものということです。

ただし、コアビリーフの中には不毛なコアビリーフがあります。実ることがない、何の進歩も成果も得られないというコアビリーフです。信じていたとしても、実らないどころか、ビッグクエスチョンに反するような結果をもたらす可能性が高いものです。

正義感を生むもとになる「不毛なコアビリーフ」の代表例を見てみましょう。あなたも持っているものがあるのではないでしょうか。

・正しい人が幸せになる
・落ち度がなければ悪いことは起きない
・悪いことをしたら罰せられなければならない
・勧善懲悪
・努力は報われる
・倫理的、道徳的でなければいけない
・人には親切にするもの
・素直でいること

いかがでしたか。これらは誰もが持っているものです。躾、学校教育の中で良いこととして教わるものばかりですね。

それも当然です。正義は正しいことですから、正義が生まれるためには、何が正しいのかその基準がないと始まりません。社会で生きていくためには正しさが必要ですので、子どもの頃からこうしたことを教わるのです。これらのことを信じて、行うことで人生が良くなるはずという期待がこめられています。

誤解しないで欲しいのは、これらのことを信じてはいけない、辞書からはずそうということではありませんし、躾、道徳といったものを全部手放そうということではありません。これらのことを辞書にしていることで、自分や周りの人を長い目で見た時に、心身ともに健康的でなくしているようなことがあれば、手放すか、基準を少し緩めた方がいいですよということです。先のものには次のような共通事項があります。

- **躾、道徳などとして教わることが多い**
- **事実とは言えない**

・人によって信じている程度に差がある

これらのことは社会で生きていく上で、そうした方がいいというものばかりです。社会の一員であるために、こうしたことを辞書にしておくことが人として正しいこと、さらに言えば、それを辞書に書いておくことで人生に良いことがありますよと躾や学校の道徳の時間で教わります。わがままでいなさい、自分のことを優先させなさいとはあまり教わりません。むしろ、我慢をしたり、和を保つことの大切さなどの方が教わることが多いです。何を差し置いても、自分がやりたいことを優先させなさいとは、なかなか表立っては教わりません。自分がやりたいことばかりを優先させていたら、わがままな人、協調性のない人とレッテルを貼られます。

そのために、自分を優先させることが苦手で、人のことを優先しているうちに我慢が続き、自分の中に大きなマイナス感情を知らずのうちに溜め込んでしまう人がたくさんいるのです。

けれどこれらのものは事実と言えるでしょうか。例えば、「正しい人が幸せになる」はどうでしょうか。そうであって欲しいとは思いますが、必ずしも正しい人が幸せになるとは限らないことは、人生経験を積むうちに徐々にわかってくることです。

何をもって正しいとするかは人それぞれですが、事実は、正しく生きようとすることで幸せになる人もいれば、正しく生きようとするからこそ苦しくなってしまう人もいます。

世の中には正しくないこともたくさんあります。そうした中、正しく生きようとすればするほど、自分ばかりが損をしていると思うことに出合うことがあります。そこで、「まあそういうこともある」と思えればいいのですが、真面目な人や「いい人」と呼ばれる人ほど、なぜ正しいことをしようとしている自分がこんな目に遭わなければいけないのかと落ち込みます。

2019年に公開された映画『ジョーカー』は主演のホアキン・フェニックスがアカデミー主演男優賞を受賞したことでも大いに話題になりました。映画はバットマンの宿敵であるジョーカーがどのように誕生したのかを描いたものです。アーサー（後のジョーカー）は母親から「どんな時も笑顔で」という言葉を信じ、人を笑わせたい、幸せにしたい

という思いで大道芸人のピエロのアルバイトをしていました。いつも人に親切であろう、笑顔にしようと努力をするのですが、人から邪険に扱われたり、バカにされたりするうちにすっかり心が折れ、悪の道に入り、いつの間にか悪のカリスマになっていくという悲劇です。

一般的に正しいと思われていること、道徳的であると思われていることなどは、それを強く信じれば信じるほど、それが期待通りにならなかった時に、大きなダメージとなって、自分や周りに返ってくることがあります。

努力は報われるものと子どもの頃から教わり、努力することの大切さは説かれますが、人生では努力がどうにも実らないことがあります。努力さえしていれば必ず報われるかといえば、そうではないことは、大人になる中で徐々に気づき受け入れる人が大半です。

ところが躾や道徳の授業では、努力が報われなかった時のことまでは教えてくれません。教えてくれないので、教わったことが真実だといつまでも辞書に書き続ける人がいます。辞書に書き続けることは悪いことではないのですが、努力が報われなかった時に果してどうとらえればよいのでしょうか。「努力は報われる」をとても強いコアビリーフとして辞書に書き込んでいる人もいれば、そうは言っても努力は実らないこともあるくらいの感覚で一応辞書に書いてある人もいます。とても強いコアビリーフとして持っている人の場合、努力の足りなかった自分が悪いと自分を責めるのでしょうか。それとも努力を認めてくれなかった相手や社会が悪いと、誰かを恨むのでしょうか。自分を責めても誰かを恨んでもどうしようもありません。こう考えてしまうようであれば、「努力は報われる」は不毛なコアビリーフになっています。このコアビリーフは手放すか、緩めるかしなければ、この先ずっと苦しい思いをすることになるでしょう。

第2章で私には「親の期待に応えるべき」というコアビリーフがあり、そのことで長年苦しんでいたことを書きました。親の期待に応えることは、子どもとして正しいことのように思えます。ただ、アメリカの友人達は、自分の人生は親の期待のためにあるわけではなく、自分のためにあるものと考えている人ばかりでした。私にとってはこのコアビリーフは不毛になっていましたが、友人たちにとっては特に何も問題にならないコアビリーフでした。

正義感を生み出すもとになるコアビリーフが不毛なものであるならば、その正義感は歪んだものであり、手放した方がいいと言えるでしょう。

あなたにはどのような不毛なコアビリーフがあり、そしてそのコアビリーフからどのような正義感が生まれているでしょうか。その正義感は歪んだものになっていませんか？

○ 正義感の手放し方

ここからは実際に正義感を手放す方法を解説します。正確に言えば、歪んだ正義感のもとになる「不毛なコアビリーフの手放し方」です。本書で紹介する方法は3つです。

❶関わること／関わらないこと、できること／できないことを分ける
❷人、物事に対する許容度を上げる
❸自分にとって本当に大切なものを見つける

❶関わること／関わらないこと、できること／できないことを分ける

あなたが正義感を振りかざしたくなった時、それは本当にあなたが関わりたいことなのか、関わらなくてもよいことなのかを考えてみます。さらに、今からしようとしているこ

とはできることなのか、できないことなのかについても考えます。

私達の人生は言われるまでもなく限られたものです。その限られた人生の中で、幸せになろうとしています。そんなにいつも幸せになりたいと意識なんてしていないという人もいるでしょう。でも、だからといってわざわざ不幸せになるように意識して生きることはしていないですね。強く意識する、しないは別として、私達は基本的にはより幸せになるようにいろいろと選んでいます。

何もこれは大げさな話ではなくて、例えばスーパーで買い物する時も、AスーパーとBスーパー、どちらで買い物した方がお得かな?とより良い方の選択をしようとします。そこでわざわざ損をするスーパーには余程の理由がなければ行かないものです。

あるいは、人付き合いをするにも、CさんとDさんから同じタイミングから誘われたら、どちらの誘いに乗った方がより楽しいか、より良いかといったことで選択をします。ここでもわざわざつまらない、有意義ではない

なと思う人を選ぶことはありません。興味がない人、関わっても得にならない人、関わったら疲れるような人とは付き合いたくないし、それこそ時間のムダと思うでしょう。それでもどうしても付き合わなければいけない事情があれば、例えばその人が上司、家族、親戚、ご近所といった人であれば、どうにか我慢をしながら嫌々付き合います。

ところが、ここに正義感がからんでくると、途端に普段していることとは違うことをし始めます。特に正義感から怒りに囚われてしまった時などの酷さは、目も当てられないほどです。

普段であれば、自分の人生にとってそのことに関わることに意味があるのかどうか判断できますが、正義感や怒りに振り回されている時は、それができなくなります。また、自分は何ができて、何はできないのかについても冷静な判断ができなくなります。

「自分ができること／できないこと」というのは、「自分の力で変えることができるか／できないか」と言い換えられます。

人生の時間が限られているなら、できないことに貴重な時間や労力を割きたくはありません。例えば極端な例ですが、現代において空に向かって「雨よ降れ」と一心不乱に祈ることで天気を変えられると考える人はいませんが、昔の人はそうではありませんでした。

天気は作物の収穫に影響し、直接命に関わる大問題でしたから、雨乞いの儀式がありましたし、動物の命や、時には人の命を生贄に捧げて天に祈ったのでした。もし今、雨を降らすために何か生贄をした方がいいと言う人がいたら、それこそ正気の沙汰ではないと思われます。

天気の例えは極端で大げさなものですが、正義感や怒りに囚われた人は、このレベルのことをしているのです。そして、本人はそのことに気づいていません。

第2章でアメリカのセレブがクリスマスプレゼントにペットを家に連れて帰ったことに、正義感に駆られた多くのコメントがついた例を紹介しました。そして、それらのコメントがそのセレブに届くことは絶対にないと言いました。コメントをしている本人が本当にそのセレブに自分の声が届くと思って書いているのかはわかりません。ただ、常識的に考えれば、そこで自分の正義感を主張したところで何にもなりません。何にもならないというのが言い過ぎというのであれば、コメントした本人が期待しているようなことは少なくとも起こらないでしょう。

左図を見て下さい。図は「手放した方がいい正義感」と「手放さない方がいい正義感」

を分けるためのマトリクスです。あなたがこれまでに感じてきたことのある正義感はどこに入っているのか確認してみましょう。

図にある選択肢は「関わること／関わらないこと」「できること／できないこと」の組

●手放した方がいい正義感、手放さない方がいい正義感の分け方

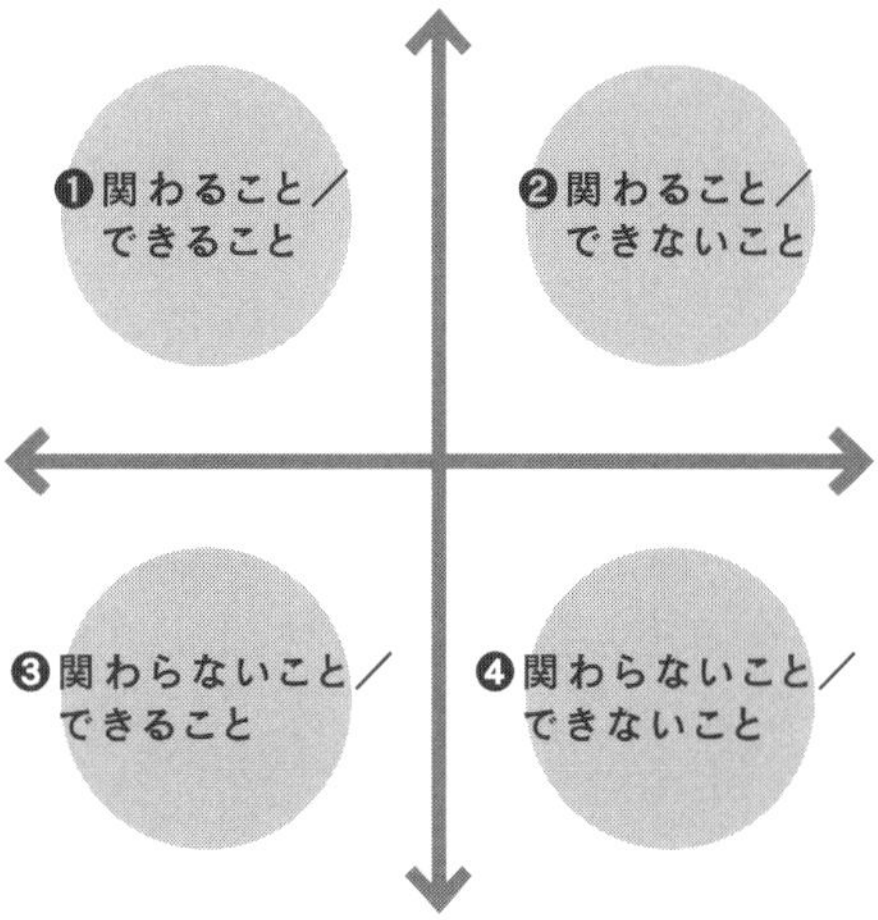

み合わせです。

「関わること／関わらないこと」には2つの意味があります。それは「関わりたい（Want）」と「関わる必要がある（Must）」です。

「関わりたい（Want）」はある出来事があったとして、そのことにあなたが単純に、関わりたいと思うかどうかです。関わった結果、自分にとってプラスになるのか、マイナスになるのかは関係ありません。欲求のままにそのことに関わりたいと思うのであれば、それは関わりたいことと言えます。

次にそのことに本当に「関わる必要がある（Must）」かどうかです。こちらは自分が関わりたいと思うかどうかではなく、関わることでの結果を考えます。関わった結果プラスになるのか、それともマイナスになるのか、あるいはプラスにもマイナスにもならないのか。

プラス、マイナスについてはビッグクエスチョンを考えるといいですね。ビッグクエスチョンに合っていればプラスですし、合っていなければマイナスです。

つまり、そのことに関わることで自分、周りの人にとって、長い目で見た時に心身ともに健康的な結果になるのであればプラスです。逆にそうならなければマイナスです。関わってはみたものの、結局どちらでも良かったと思えるようなことであれば、関わらなくて良いことだったかもしれません。

この「関わりたいと、関わる必要がある」だけを考えても、次の4つの組み合わせができます。

❶関わりたくて、関わる必要があること

それは関わった方が良いことです。これはもう疑いがありません。

❷関わりたいけど、関わる必要がないこと

それに関わるかどうかをよく考えた方がいいです。必要がないことに時間と労力をかけたいですか?正義感から我を忘れて、関わりたいと思っているだけかもしれません。

❸関わりたくないけど、関わる必要があること

関わった方がいい可能性が高いです。ただ、自分が心から望んでいることではないので、関わり方が中途半端になってしまう恐れがあります。

❹関わりたくもないし、関わる必要もないこと

それは間違いなく関わらなくていいことです。

もうおわかりですね、関わること／関わらないことの線引きは、「関わりたいと思うこと」で、「関わる必要があること」です。関わりたいと思うことで、関わる必要のあることはビッグクエスチョンに合ったものになる可能性が高いからです。

次に「できること／できないこと」を考えます。

当たり前の話ですが、私達にはできること、できないことがあります。ただ、正義感から生まれる怒りに振り回されている人は、この違いを正しく分けられなくなってしまいます。できることをできないと嘆いてみたり、できないことをできると信じて、それこそ不毛な努力をしていたりします。

例えば、子どもが何度言っても言うことを聞かないと嘆いています。もしかするとそれは言い方が悪くて、子どもが理解できていないだけではないでしょうか。もしくは、子どもはもう変わっているかもしれないのに、子どもが変わっていることを認められていないだけではないでしょうか。

反りの合わない上司がいます。毎日のようにどこかに転勤してくれないかな、性格が変わらないかなと思い続けているのではないでしょうか。どんなに思ったところで、上司は転勤もしなければ、性格も変わりません。けれど付き合い方を変えるだけで、気持ちをかなり楽にすることはできます。よく「過去と他人は変えられない」と言います。正義感で変えようとする対象が特定の誰かであることはよくあります。

過去にあった出来事を変えることはできませんが、その出来事への解釈を変えることはできます。また、人の性格、人格といったものを変えることはできませんが、考え方や行動を変えることはできます。もし人について、誰も何も変えられないようであれば、人間関係をつくることなんてちょっとやそっとじゃできません。

人に対して怒っている人は、多くの場合、その人の性格を変えようとしています。そして変わらないと呆れたり、さらに怒りを強めたりしています。人の性格を変えるなんて簡単にできることではないですし、もしそれを力づくでするなら、それはとんでもなく横暴な行為として非難されることです。自分が誰かからその性格を変えた方がいいと言われたら、いい気分はしませんし、むしろそんなこと聞いてやるもんかと反発するのが人情です。仮に相手が正義感からあなたに性格を変えた方がいいと言っていることがわかったら、余計に腹立たしいと思うでしょう。大きなお世話だし、一体それは何の正義感なのかと。

できることなのか、できないことなのかを分けるのは簡単です。冗談ではなく、「自分は魔法が使えない」と思うことだけです。魔法が使えないので、こちらの都合良く何かがあっという間に変わることはありません。その当たり前を受け入れられるかどうかです。

そして、できることだけに注力しましょう。できないことからは手を放します。できることをより良くできるようになる努力と、できないことをできるようにする努力。この2つは似て非なるものです。

どちらの方が簡単かと言えば、これはもう圧倒的に前者です。なにせもう、少しはできているのですから。何事もそうですが、初めの一歩を踏み出すのが一番大変です。動き出せば、その勢いを増すことはできます。

できること、できないことを慎重に見極めて、できることだけに取り組みます。自分の

限りある人生のエネルギー、時間を有効に使いましょう。

ここでもう一度117ページの図を見てください。もうおわかりですね、あなたが何かに正義感を感じるとして、また、その正義感から怒りを感じるとして、取り組むのは、「❶関わること／できること」だけです。他のところに入るものであれば、それはもう手を放しましょう。ここで手を放すことに抵抗を感じる人もいるかもしれません。手を放すことはなんだか負けた気がして悔しいと。手を放すことは別に負けることではありません。自分の限りあるエネルギーと時間を大切に使うための選択です。「喉元過ぎれば熱さを忘れる」ではありませんが、時間が経てばどうってことはないと思えるようになります。

これで正義感を感じたとしても少なくとも3つの選択肢は捨てることができます。まずはどういう選択があるかを考えることで、正義感を手放してみましょう。

❷人、物事に対する許容度を上げる

正義感の強い人は、良くも悪くも人や物事に対して許容度が低いです。許容度が低いというと、人としては寛容ではないということにもなりますので、「良くも」とつけるのはおかしいように思えます。

ただ、許容度が低いということは、ある基準について厳しく守ることができる、基準から少しでも外れていないか目が届くということです。

例えば、町内のゴミ出しにしても、ゴミ出しルールに対して許容度が狭い人、つまりルールに厳しい人がいるので秩序が保たれるわけです。私が住んでいる町にも班ごとに決められたゴミ集積場があります。ゴミ集積場は物置小屋になっていて、ダイヤル式の鍵がかかっています。町内会に入っている人だけに、その暗証番号が教えられます。長年使っていると、どこかからかその暗証番号が町内会以外の人に漏れ、町内会以外の人がゴミを出す事件（?）が起こります。すると、ゴミ集積場の暗証番号を他言しないようにと回覧板が回ってきます。これを繰り返しながらゴミ集積の秩序を保っています。

これもルールに厳しい人がいるからこそ、できていることであって、それくらいいいじゃないかと思う人ばかりだったら、ゴミ集積場には回収されないゴミが山積みになってしまうでしょう。

人や物事に対して許容度が低い人の特徴は2つあります。

1. 合格点の基準が高い
2. 100点か0点で考える

「1. 合格点の基準が高い」というのは、人や物事に対して求める基準が高いということです。よく言えば、すごく期待をしているとも言えますが、求めなくていい基準まで求めていることがよくあります。

例えば、先程の私が住んでいる町のゴミ出しでは、町内指定のゴミ袋に入れるのは当然のこととして、ゴミ袋に自分の班番と名前を書くことが義務付けられています。うちであれば「○班　安藤」と書きます。その書き方については、消えないように書くことという決まりがありますが、マジックで書くことが指定されていたり、ボールペンや鉛筆は不可といった決まりはありません。ゴミが指定された通りに捨てられているかどうかは当番制でチェックします。実はゴミ集積場の小屋の中には各家の電話番号が掲示されていて、指定以外の方法で捨

てている家については、指定の方法で捨て直すように、当番から電話がかかってくるとされています。実際には電話がかかってくるようなことはないのですが、名前の書き方が十分、不十分ということで過去に問題になったことがあるようです。一方は名前を「ボールペンで書いたらよく見えないから、マジックで書くべきだ」、もう一方は「ボールペンで書いても十分ではないか」と。当番だった人は、町内のゴミ出しのルールを守ろうとする正義感から指摘をしたのだと思います。その裏には強い責任感もあったのでしょう。ただ、特に決まっていないことについて求めすぎてしまったのかなという印象です。これはうちの町内のゴミ出しについての例ですが、こうしたことはあなたの町内、職場内、家庭内でもよく聞く話ではないでしょうか。

　人や物事に対して合格基準を高く設定しがちな人は、決まっていないこと、明文化されていないことについては、言うのを止めるくらいの意識で丁度いいのです。うちの町内のゴミ出しの例で言えば、町内指定のゴミ袋でない、ダンボールを指定の方法で縛っていな

いといった明らかなルール違反については指摘すればよいでしょう。一方で、特に決まりのない名前の書き方についてまで言うことは、往々にして相手に求めすぎてしまうものだと自分に言い聞かせましょう。

決まっていないから言ってはいけないということではありません。相手に求めすぎる人は、それくらいのつもりでいるのがちょうどいいということです。

「2．100点か0点で考える」というのは、合格か不合格のどちらかしかないと考えることです。白か黒か、0か1か、良いか悪いか、好きか嫌いかといった具合に、物事を何でも二分して考える傾向があります。

本来、合格と不合格の間には及第点があるはずです。及第点は最低限の基準はクリアしているという意味です。何事もそうですが、いつも100点を求められたら苦しくて仕方ありません。仕事、育児、家事、その他諸々、私達はいつも100点がとれるでしょうか。またいつも100点を目指しているでしょうか。「まあこれくらいでいいか」くらいに思って取り組む、これくらいできていれば問題ないかと思ってしていることが大半だと思います。日常生活でつねに100点なんて目指す人がいたら、その人は相当にストイックな人です。本人が目指すのは本人の自由だとしても、少なくともこちらには同じことを求めないで欲しいと思われているかもしれません。

人や物事に対して許容度が低い人と、高い人の特徴の違いは次の図のとおりです。

●許容度の低い人の特徴

許容度が低い人の特徴は、合格と不合格しかありません。そして合格と不合格の間の線がはっきりとしています。また合格の幅がとても少ないです。合格と認めることが少ないので、いつでも何かや誰かの間違いを指摘したくなることが多くなります。

●許容度が高い人の特徴

一方で許容度が高い人の特徴は、合格と不合格の間には明確な線があるのではなくグラデーションになっています。合格と不合格の境が曖昧なので、多くのことは許せます。ここで注意したいのは、許容度が高い人にも完全な不合格、完全な合格があることです。なんでもＯＫということではなく、合格、不合格について、許容度が低い人と同じようにはっきりとしています。ただ、合格、不合格以外の部分が大きいので極端な判断をしないと言えます。

あなたの許容度はどちらの形が近いでしょうか。多くの人は後者ですが、後者の人も時と場合によっては、前者のような形になることがあります。この形に影響を与えているのが、ライターのガスの部分であるマイナス感情・状態です。

マイナス感情・状態が小さい時であれば、後者の形でいられるのですが、マイナス感情・状態が大きくなってくると前者の形になってしまうという人が多いのではないでしょうか。

いずれにしても正義感に振り回されないためのポイントである人、物事に対する許容度を上げるには、後者の形を意識することです。

❸自分にとって本当に大切なものを見つける

これは一言で言ってしまえば、「他人に振り回されなくなる」ことです。現代は他人に振り回されないようにするのが本当に大変です。テレビ、インターネット、ラジオ、雑誌等々、どこにでも情報がたくさんあり、それらの情報から影響を受けないでいることはほぼ不可能です。よほど意図して情報をシャットアウトしなければ、いつも情報にさらされ、いつの間にか影響を受けて、望

まない思い込みを持たされていることがよくあります。それらはあなたのことを思って発信されているのではなく、最大公約数に向かって発信されているのです。

あなたは最大公約数ではありません。最大公約数に向かって発信されたようなものをまともに受け取る必要はないのです。でも、自分が本当に何を大切にしているのかをわかっていない、自分軸がないと、ついそうした最大公約数の甘い誘いに乗ってしまうのです。

こうした誘いにのることが絶対にダメだとは言いません。ただ、こうしたものに誘われて、知らず知らずのうちに自分が本当に欲しいもの、大切にしたいものが何だかわからなくなってしまうことは問題です。何が自分にとって大事なのかがわからなくなってしまって、誰かに言われるがままに何かを選ばざるを得なくなる。それはもう、自分の人生を自分で選んでいるとは言えないでしょう。

今、自分が大切だと思っているものは、本当に自分が心から大切だと思っていることでしょうか。それとも誰かからいつの間にか思い込まされたものでしょうか。

私はこの「誰かから大切だと知らない間に思い込まされたもの」を「アクセサリー」と呼んでいます。アクセサリーと言えば、指輪、ネックレス、時計といったものがすぐに思い浮かぶと思います。アクセサリーは自分を着飾るためにつけるものですが、どうしてつけるかと言えば、アクセサリーをつけることで、自分はこういう人間ですということが相手にアピールできるからです。また、同じ価値観を持っている人であれば、それがどういう意味を持つものなのか説明されなくてもわかります。

例えば、高級時計をしている人であれば、自分は高級時計が買える人であって、それを選ぶことをしている人ですということをアピールします。そして、その時計が高級であって、どういう人達がしているかということを知っている人は、その時計をつけているのを見るだけで、この人がどういう人なのかを無意識のうちに察します。

私達が持っているものは、生活必需品以外は、すべてアクセサリーと言っても過言ではありません。例えば、歯ブラシは生活必需品ですが、歯ブラシには100円ショップで数本セットで買えるくらいのものから、数万円もするような超高級電動歯ブラシもあります。歯を磨くだけであれば、100円ショップで買ったものでも十分ですが、わざわざ数万もするような電動歯ブラシを買うということは、そこに何らかの思い込みが隠されています。100円の歯ブラシでは十分じゃない、お金を出すことで虫歯を予防することができる等々。

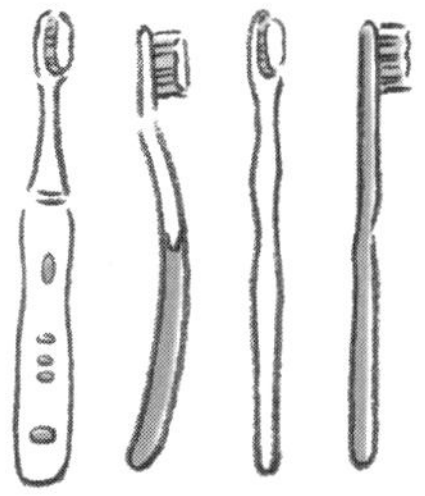

アクセサリーは直接的に買えるものだけではありません。例えば、どこそこの学校に通っている、どんな資格を持っている、肩書がどうであるといった、努力をすることで手に入れられるものもアクセサリーです。

○○学校卒業というのは、それを言うことで自分がどういう人間かをわかってもらうことができます。そのアクセサリーを手に入れるために、子どもの頃から塾に通って受験勉強をします。その○○学校卒業というアクセサリーが欲しいと思っている人が多いことを知っているので、塾はうちの塾にくるとそのアクセサリーが手に入りますよと宣伝をします。すると、塾に入った方がいいのかなとあれこれ考え始めるのです。〇〇学校卒業というアクセサリーが欲しいのは、そのアクセサリーがあるとより良い就職ができそうだからであり、より良い就職ができることでより良い暮らしができるだろうという思い込みがあるからです。

その一方でより良い暮らしというのが一体何なのか、実のところ本人もよくわかっていなかったりします。なぜなら、より良い暮らしはこうですよというのは誰かが言っている最大公約数の暮らしであって、自分が本当に心から望んでいる暮らしとは違う可能性があります。

「より良い暮らし」というのは一体どのようなものでしょうか。すぐに思い浮かぶのは、余裕のある暮らしです。余裕がある暮らしというのは、お金に困らない暮らしです。なんだかんだ言っても、まずはある程度経済的に豊かでなければ困ると思っている人は多いでしょう。

では一体いくらあったらお金に困らない暮らしができるのでしょうか。いくらの収入があれば幸福度が高くなるのでしょうか。２０１５年にノーベル経済学賞を受賞したプリンストン大学のアンガス・ディートン教授が発表した研究によると、年収が７５０００ドル（約８００万円）までは年収が上がるにつれて幸福度が高くなりますが、それを超えるとあまり変わらなくなるというのです。２０１９年、日本の内閣府が発表した「『満足度・生活の質に関する調査』に関する第一次報告書」でも同じ傾向が見て取れました。年収８００万円と言えば、お給料をもらう立場としてかなりの高給取りなことは確かですが、現実にはそれよりももっと年収が高い人はいくらでもいます。ただ、その人達は思っているほどは幸せや満足度が高くないのです。

どんな暮らしが自分にとって本当に大切で、居心地が良く、心が休まるものでしょうか。世の中から常に飛んでくる情報にさらされ続けていると、心が休まる暇がありません。いつも「何かをしなければいけない」と焦りのようなものを、感じ続けているのではないでしょうか。

この焦燥感はライターのガスを大きくします。そして、ガスが溜まっているので、許せないことが多くなり、関わらなくていいことで、怒りの炎を大きく燃え上がらせたりしているのです。

アクセサリーを落とすことができれば、心身ともに身軽になれます。不必要な正しさにも怒りにも振り回されなくなります。

では自分にとってのアクセサリーには、どのようなものがあるのでしょうか。また、そのアクセサリーはどうすれば手放せるでしょうか。アクセサリーの見つけ方はとても簡単です。あなたのアクセサリーは次の3つの中に必ずあるからです。

・これまで手に入れたもの
・これまで手に入れたいと思ったことがあるもの
・これから手に入れたいと思っているもの

「これまで手に入れたもの」は、あなたがこれまでの人生の中で買ったもの、あるいは努力して手に入れたものです。商品のようにお店でお金を出せば買えるものもあれば、学歴のようにお金では買えないものもあります。

友達、恋人といった人間関係さえもアクセサリーになります。この人と友達である自分、この人と付き合っている自分が好き、素敵と少しでも思うことがあれば、その人との関係はアクセサリーの意味合いも含んだ人間関係だったのかもしれません。

また、これまでに手に入れたものでも、今は特に興味がないものや、何であの時はあんなにもこだわったのだろうと思うものがあると思います。例えば、学生時代に大好きだったブランドは今はもう流行っていないし、今の自分には若すぎるし、趣味じゃないかもしれません。でも当時はそれがどうしようもないほどに欲しくて、必要なアクセサリーでした。

これまでに手に入れたもので、今は特に興味がないもの、必要ではなくなっているものを探してみると、アクセサリーが何であるか、自分がどのようなアクセサリーを欲しがっているのか客観的にわかるでしょう。

おそらく、今もその傾向は変わっていないと思います。テレビ、雑誌、インターネットなどのメディアによって大きく影響を受けるのか、当時はインフルエンサーなんて言葉はありませんでしたが、ちょっと情報の速い、少しませた都会的な子に影響を受けるのか。お金で買えるものを欲しがるのか、お金では買えないものを欲しがるのか。

形は変わりますが、欲しいと思うものの根本にあるものは、余程意識しない限り大人になってからもあまり変わりません。

「これまで手に入れたいと思ったことがあるもの」は、手に入れようと思って努力はしてみたものの手に入らなかったことで、悔しい思いや残念な気持ちになったことがあるかもしれません。その悔しさ、残念さを覚えていると、大人になって手に入れられるようになってからそれを買うことをしたりします。子どもの頃に買ってもらえなかったおもちゃを、大人になってから大人買いをする人は思いの外多いのです。

学生時代に進みたかった進路を選べなくて、大人になってから再チャレンジをしている人も多くいます。例えば、看護師になりたくて看護学校に行きたかったけれど、当時は家庭の事情で行けず、普通に就職をしたものの、諦めきれずに看護学校に入り直すといったものです。人助けをしたいから看護師になるという気持ちは本当でしょう。ただ、看護師にならなくても、他の方法でも人助けはできます。ということであれば、看護師という職業でいる自分と考えれば、キャリアもアクセサリーになると言えます。

最後に「これから手に入れたいと思っているもの」です。将来的にこういうものを買えば、あるいはこういうものがあれば、自分の人生はより良くなるはずと信じているものです。明日手に入るものなのか、あるいは数ヶ月以内に手に入れられればいいと思っているものなのか、期間はわからないけど、いずれ持てればいいなと思っているものなのか。また、どの程度の労力で手に入れられるものなのか。あなたはこれから手に入れたいものについてどう考えているでしょうか。

そして、これらのものの中で手放してもいいもの、あるいは手放した方がいいものをどうやって見分けるのかと言えば、これも答えは簡単です。次の質問を自分に向かってするだけです。

質問「一人で無人島に行くとして、それでもそれを持っていたいか？」

無人島というくらいですから、誰もいません。つまり、あなたが持っているアクセサリーについて誰からも何も言われません。何も言われないどころか、それが良いとも悪いとも評価も一切ありません。

無人島に行くというのはもちろん例え話ですが、それは誰からも見られない、言われない、評価されない、それでもそれを持ち続けたいと思うか、持っていることに意味があると思うかということです。

誰からも見られない評価されないのであれば、要らないかもしれないと思うのであれば、それは手放してもいいアクセサリーです。なぜならば、それは結局、誰かからの評価を得るために持っているものだからで

す。

持っていることがステータスになるようなものは、割とそうなるのではないでしょうか。モノだけではなく、マンションのより高層階に住みたいというアクセサリーも、無人島であれば意味はないのではないでしょうか。ステータスがあるものは、言い換えればマウンティングができるものです。本人がマウンティングをするつもりがあってもなくても関係ありません。

マウンティングを取りたがる人は結構いますが、なぜマウンティングを取りたがるかと言えば、自分のことを自分で価値があると思えていないからです。だから、ステータスがあるもの、アクセサリーを身につけることで、いかに自分に価値があるかということを第三者から評価してもらうのです。

自分にとって本当に大切なものとは、誰からも評価されなくても、自分としてはそれを持っていたいと思えるものです。社会的には価値がなくても、自分にとっては大切なものです。

例えば、石にもダイヤモンドのように金銭的に価値のあるものもあります。一方で大好きな人と出かけた川で拾ったなんでもない石、でも二人の大切な思い出としての石があります。ダイヤモンドは社会的に価値があるものですが、河原で拾った石には社会的な価値はありません。ここでダイヤモンドだって社会に関係なく、自分は本当に大切に思っている、純粋にダイヤモンドが好きだという反論が聞こえてきます。ただ、それはダイヤモンドが社会的に価値があることが前提です。純粋にダイヤモンドの綺麗さが好きという人もいますが、ダイヤモンドの真贋は余程のプロでなければ見分けはつきません。ある日、あなたのダイヤモンドが精巧につくられた人工ダイヤモンドと入れ替わったとしてもほとんど気づくことはないでしょう。

あなたにとって本当に大切なものはなんでしょうか。誰からも評価されなくても、自分だけがその価値を大切にできるというものが増えると、人の評価、社会の正しさに振り回されなくなります。

逆に人の評価、社会が正しいと思うものを優先的に大切にしていると、いつまでも誰かの正しさに振り回されることになるのです。

コラム ❸

公正世界仮説に囚われた日本人

ある政治家が「正しいことをした人が報われ、悪いことをした人はうまくいかない社会をつくりたい！努力している人が報われる社会でなければなりません！」と街宣車の上から叫んでいます。
さて、あなたはこの政治家の発言に賛成ですか、それとも何か異議を唱えたいでしょうか。
この政治家が言っていることはとても真っ当なことのように思えます。汗水たらして苦労した結果、成功をつかんだという美談はそこここで聞きます。皆苦労人の話は大好きです。苦労した人こそ報われるべきで、報われるからこそ苦労することが正しいことだと思っています。
石の上にも三年という諺が使われるくらい、努力が実を結ぶためには長い時間の努力が必要だと皆思っています。だから、その昔、堀江貴文さんが飯炊き3年握り8年かかると言われているお寿司屋さんの修行について「何年も修行するのはバカだ（※1）」とTwitterで発言して大炎上しました。

堀江さんの発言の正誤についてはここでは触れません。ただ、一つ確実に言えることは、この発言が多くの人のコアビリーフへの攻撃となったということです。自分の大切なコアビリーフが脅かされていると多くの人が感じたので、多くの人が怒りを使ってそれを守ろうとしたのでした。

あなたは悪いことをした人にはバチが当たると思うでしょうか。それとも悪いことをすることと、上手くいく、いかないは関係ないと考えているでしょうか。

2020年3月10日〜4月20日に読売新聞（※2）が、人の迷惑も考えないで、自分勝手なことをしたり、残酷なことをしたりする人について、「バチ」があたるということがあると思うかという全国調査を行いました。結果は、バチが当たると思う人は76％に上り、「ない」の23％を大きく上回りました。1964年12月に行った同様の調査では、「ある」と思う人が41％、「ない」と思う人が40％でした。

悪いことをしたらバチが当たるというのは、何とも迷信じみたことのように思えますが、50年以上前よりも今の方が、それを信じている人が圧倒的に多くなっています。

正義は報われる、悪には相応の報いがあるという考え方は「公正世界仮説」として知られています。真面目な人は幸せになり、不真面目な人は不幸せになると考えるのも同じ考え方です。読売新聞の調査はまさにこの公正世界仮説を信じているかという質問でした。

一見すると、公正世界仮説を信じていても何も悪いことはないように思えますが、実は裏返しにすると、かなり怖い考え方であることがわかります。

正しい人がうまくいくという思い込みは、裏を返せば、うまくいっていない人は正しくないということです。努力をした人が報われるのであれば、報われていない人は努力が足りていません。真面目な人が幸せになるのであれば、幸せになっていない人は不真面目だからです。

いつの頃からか自己責任という言葉をよく聞くようになりました。「うまくいっていない人は本人の努力が足りないのだ」から、例えば、「なぜ税金を使って助けなければならないのか」といった具合です。

日本はバブルが崩壊してから30年以上にわたり低迷しています。これだけ社会全体としてうまくいっていないのですから、努力したら報われるとは思わず、努力しても報われないことがある、報われなくても仕方がないくらいに思う人が多い方が妥当のように思えますが、そうはなっていません。

むしろ皆して、うまくいかないのは自分達が悪いからだと自分達を責めているようです。こんなことをしていては明るい未来にならないのは想像に難くありません。

正しさを追い求めることはとても大切なことですが、正しさに囚われすぎてしまうと、とんだ思い違いをして、自分達を苦しめてしまいます。

※1　https://twitter.com/takapon_jp/status/659646513149120512

※2　自分勝手や残酷なことをして「バチがあたる」……信じる人76%、半世紀前より割合高く　https://www.yomiuri.co.jp/election/yoron-chosa/20200528-OYT1T50326/

5章

正義感の強い人との付き合い方（症例別トリセツ）

○あなたの正義感タイプをチェック

誰でも正義感は必ず持っています。正義感がない人はいません。ただ、その正義感には癖と言えるようなものがあり、人によって、正義感が生まれる理由が違います。その結果、とる行動も変わってきます。

本章では、正義感のタイプを大きく5つに分けています。あなたの正義感がどのタイプで、どのような特徴があるのか、またそのタイプの人が周りにいた時にどう対応すればいいかを見ていきましょう。

自分の正義感のタイプを理解することで、無駄に正義感に振り回されなくて済みます。同時にタイプがわかることで、次に正義感を感じた時に、どのように対処すればよいかがわかります。

では早速、自分の正義感のタイプをチェックしていきましょう。

❶次の質問について、どの程度当てはまるか点数（150ページ点数表参照）をふって

ください。

Q1．メール、メッセージの方が直接言うよりも言いたいことが言える
Q2．人に注意することは苦手ではない
Q3．自分の信条のためには闘うことができる
Q4．「赤信号みんなで渡れば怖くない」は本当だと思う
Q5．新しく何か買ったり、手に入れたら人に見せたいと思う
Q6．気軽に話せる友達が少ない
Q7．やきもち焼きな方だ
Q8．良くいえば面倒見がよく、悪くいえばおせっかいと言える
Q9．勝ち馬に乗るのは得意な方だ
Q10．つい誰かと競ってしまうことがある
Q11．自分は受け入れられていないと思うことがよくある
Q12．世間で話題になっていることには敏感な方だ
Q13．自分と価値観の違う人とは付き合いたくない

Q14．変わっていると言われたら、それは悪口だと思う
Q15．人から尊敬されたい、憧れの存在になりたいと思う
Q16．寂しいと思うことがよくある
Q17．SNSでは「いいね」の数を気にする方だ
Q18．勘違いをしたり、思い違いをしていることがよくある
Q19．みんながやっているという言葉に弱い
Q20．負けず嫌いな方だ

↓すごくそう思う……❻点
↓そう思う……❺点
↓どちらかというとそう思う……❹点
↓どちらかというとそう思わない……❸点
↓そう思わない……❷点
↓まったく思わない……❶点

❷ 次の空欄に回答した点数を入れて合計点を計算してください。合計点の一番高いものがあなたのタイプです。

Q1（　）＋Q6（　）＋Q11（　）＋Q16（　）＝（　）→ **孤独タイプ**

Q2（　）＋Q7（　）＋Q12（　）＋Q17（　）＝（　）→ **嫉妬タイプ**

Q3（　）＋Q8（　）＋Q13（　）＋Q18（　）＝（　）→ **独善タイプ**

Q4（　）＋Q9（　）＋Q14（　）＋Q19（　）＝（　）→ **集団心理タイプ**

Q5（　）＋Q10（　）＋Q15（　）＋Q20（　）＝（　）→ **劣等感タイプ**

●正義感タイプ相関図

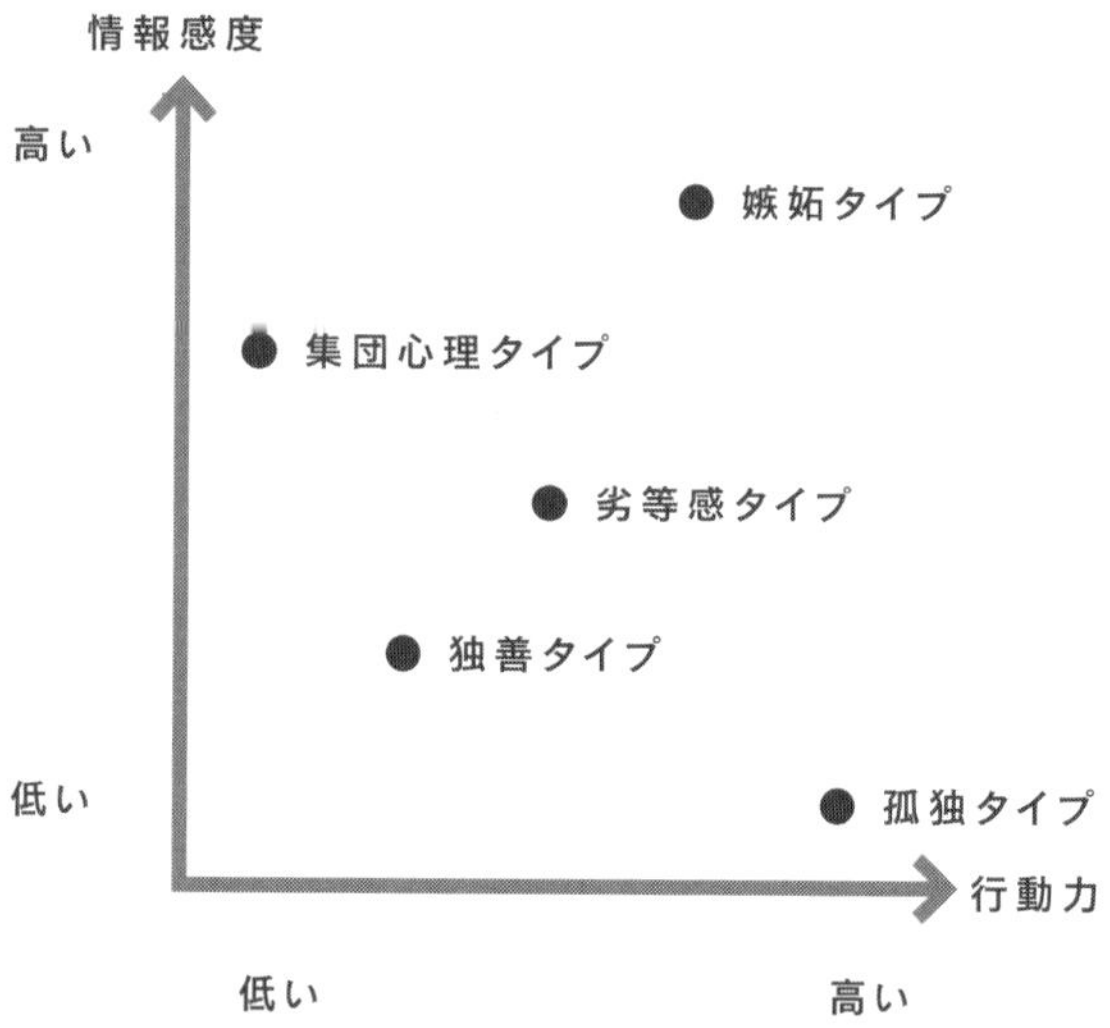

正義感タイプは行動力が高い／低い、情報感度が高い／低い、の組み合わせで5つのタイプに分類をしています。

行動力が高いということは、自分が正義だと思うことについて、あるいは間違っていると思うものについて積極的に行動ができます。例えば、マナーの悪い人に対して直接声をかけて注意することができたりします。

逆に行動力が低ければ、行動したいと思いつつできないまま、心の中だけに溜め込む傾向があります。もしくは一人では行動できない、あるいはネットの書き込みなどのように間接的に行動するなどもあります。また、一人では行動が難しいので、誰かの力を借りたり、皆であれば行動することができたりします。

情報感度が高いということは、世間の情報に敏感ということです。世間でどのようなものが流行しているのか、どういう意見が大勢をしめているのか等、世の中の空気をとらえる力に長けています。このタイミングでは何を発言したらプラスになるのか、失言になるのかについて敏感です。

一方で情報感度が低ければ、周りの情報に疎い傾向があります。また人の意見が耳に入らないので、自分の思い込みが強くなります。

タイプその1

孤独タイプ

キョロ　キョロ
私をわかってくれる人はどこかにいないかしら……

〈特徴〉

孤独タイプは行動力が高く、情報感度が低い人です。孤独感の強い人は、常に自分を認めてもらえる存在、対象を探しています。孤独感の強い人は家族、友人がいても、職場があっても関係ありません。その場で自分が受け入れられていない、自分の意見が聞かれていないということから孤独感を強めます。

そして、その孤独感を埋めるために、自分の意見を聞いてくれる人、自分の考えが正しいと思える対象に対して正義を振り回すことをします。なぜならば、正義の名の下であれば、自分が正しいと実感できるからです。

孤独感を強めてしまう大きな原因の一つが情報感度の低さです。情報を集めることが得意ではないので、自分が世間から置いていかれてしまっているような感覚を持ってしまいます。

最近、高齢者が若い人達に注意したり、横暴な行動をし、「キレる高齢者問題」と言われることがあります。高齢者が振りかざす正義は、孤独感に根がある場合が多く見られます。

●こうならないように自分が気をつけるべきこと

孤独感は誰からも受け入れてもらえないと思うことから生まれるものですが、実は自分を孤独にするのは自分自身に他なりません。今の自分は本来の自分では

ない、こんなはずではなかったと自分を責め、自分で自分を許すことができません。

自分が自分のことを受け入れることができないくらいなので、他の誰かがあなたのことを受け入れることはとても難しいです。孤独にならないためには、まずは何よりも今の自分を認め、受け入れることです。

●このタイプとの付き合い方

このタイプの人は誰かにかまって欲しい、意見を聞いて欲しいと思っている人で、あなたに対して怒ってきたとしても、悪意があるわけではありません。また、そこで何かを解決したいとも思っていません。

意見を聞ける余裕があれば、意見を聞くだけは聞いてあげましょう。意見に耳を貸したからといって、その意見に従ったことにも、負けたことにもなりません。

タイプその2
嫉妬タイプ

〈特徴〉

嫉妬タイプは行動力がやや高く、情報感度が高い人です。嫉妬心の強い人は、常に誰かと自分を比べ続けています。情報感度が高いため、自分が周りからどう見られているかはもちろんのこと、誰がどう評価されているかといったことにとても敏感です。

また、自分ができていないこと、やりたくてもできないことをしている人に対して、強い憧れを持っています。ただ、自分を抑圧しているので、憧れていることを素直に表すことができず、逆にむしろ憧れの対象を攻撃します。

例えば、セレブがいい暮らしをしている、不倫をしているといったことに反応しますが、心のどこかに自分もしてみたい、でもできないと思っています。

そして、自分ができないのは正しい行いをしているからであって、そういうことをしている人は悪いことをしているに違いない、だから叩かれて当然の悪い人であると正義を執行するのです。

あらゆる情報が目に入ってきてしまうので、その正義の攻撃性を向ける対象は広範囲に及びます。

●こうならないように自分が気をつけるべきこと

自分は自分であって他の誰かではありません。誰かと比較しても、その誰かになることはありません。誰かと比較してしまう人は、自分にとって何が大切なの

かが実はわかっていないのです。ですから誰が何をしているのかを見て、自分が合っているのかどうかを確認しています。

自分にとって本当に大切なものは一体何でしょうか。誰からも評価されなくても、これだけは手放せないというものを見つけていくことで、他人と比較することがなくなり、嫉妬や妬みに囚われることがなくなります。

●このタイプとの付き合い方

このタイプの人は、いつも比較対象の中で物事を考えています。そして、自分がしたくてもできていないことについて嫉妬心から正義を言ってきます。また、それをしている人は羨ましい対象だと思っています。

そこで、その比較されているものをあなたが持っていたり、しているとして、そこにはそんなに大きな意味もなければ、幸せでもないよとサラッと流すくらいが丁度良い対応になります。

タイプその3
独善タイプ

〈特徴〉

独善タイプは行動力がやや低く、情報感度もやや低い人です。情報感度が低いので、世間の情報や周りの人達がどう考えているかについてあまり敏感ではありません。世の中がどう考えているかではなく、自分がどう考えているかをとても大事にします。人の意見を良くも悪くも聞かないので、思い込みは強くなります。

自分と違う価値観の人を受け入れることが難しく、自分の信じていることが否定される

ようなことがあったり、自分の信条とは違うことを大切にしている人を見ると、ムキになって攻撃をすることがあります。

例えば、「○○は体に良い！」「△△の政治判断は正しい」といった情報について、自分が賛成の立場であれば、それに反対の立場の人は正義ではなく、いかに反対していることが間違いかを思い知らせたくなります。また親切心で教えてあげようとも思います。

このサプリを
飲めば病気が
100%治ります

救いはそこまで行動力が高くないことです。なぜ行動力が高くないかと言えば、情報感度が低いので、あまり周りが見えておらず、攻撃する対象そのものを見つけることを積極的にしないからです。

おかしいのは
あなたの方でしょ！

●こうならないように自分が気をつけるべきこと

人の話を聞くことをしなければ、どんどん頭が固くなり、より人の意見に耳を貸すことができなくなります。すると自分では良かれと思ってしたことが、相手にとっては独善的で、かえって迷惑ということにもなりかねません。

柔軟さ、融通さが欠落してしまわないように、日頃から周りの意見を聞く、特に自分とは違う主義信条を持つ人と接する機会を増やしていきましょう。自分と違うからこそ、自分にない部分や弱点を補ってくれるのです。

●このタイプとの付き合い方

このタイプの人は、自分の考えが常に正しいと信じ込んでいます。だからこそ、相手が間違ったことをしていると思えば、独善的に正義を言ってきます。自分と違うということは悪なのです。

悪気はなく、むしろ親切心で教えてあげるというところもあるので、そういう価値観もあるんだ、自分は気づかなかったよとお礼を言うくらいの対応を心がけましょう。

タイプその４

集団心理タイプ

〈特徴〉

集団心理タイプは行動力が低く、情報感度がやや高い人です。情報感度がある程度高いので、世論がどうなっているのか敏感でいられます。そのため、世論の動きに合わせて発言をすることを得意としています。

その一方で行動力は低いので、自分から真っ先に何かや誰かを叩くことはありませんが、一旦、世の中がこれは叩いても大丈夫といった雰囲気になったら、勝ち馬に乗ったごとく躊躇なく正義の下に叩くことができます。誰

許しがたいことです
許しがたいわ!
また不倫!?
また不倫

不徳のいたすところで…
コンッ
サイテー
サイテー
サイテー
サイテー

そうだ そうだ!!

かが先頭に立ち、後ろから石を投げるような攻撃をする傾向があります。

確固たる信念に基づいて正義を貫く訳ではなく、どちらかという世間の情報や雰囲気に流されやすい特徴があります。また同調圧力に弱く、基本的には多数派の意見に逆らってまで、自分の正義を押し通そうとまではしません。

そのため形勢が悪くなったと感じたら、形勢の悪さをすぐに感じることもできるので、そうなればさっと退けます。プライドが高いがために逃げ遅れるといったことはなく、自分から降りる、譲れるのは強みと言えます。

●こうならないように自分が気をつけるべきこと

自分が関わること、関わらないことの優先順位をはっきりとさせることです。皆が関わっているからといって、必ずしも自分も関わらなければいけないということはありません。大して関心のないことは手を放しましょう。自分の大切な時間と労力をムダに消費するだけで何もメリットはありません。

同調圧力を受けたとしても、それに屈することもありません。大勢側でいたとしても、いつも正しいとは限らないからです。

●このタイプとの付き合い方

強い信念を持って正義を押し付けてくる訳ではなく、皆が退けばその人も退きます。つまりある程度時間が経てば、簡単に忘れるくらいのものです。すぐに忘れるだろうくらいの構えでいればよいでしょう。

また、大勢の意見に弱いので、言い返さなければいけない時は、こちら側にも十分な人の意見があると、数の多さをもって対抗するのがよいでしょう。

タイプその5

劣等感タイプ

〈特徴〉

劣等感タイプは行動力、情報感度ともに中程度の人です。自分が関心のあることについては情報通でありますが、一方で自分が関係しないと思っていることについては興味がほとんどありません。

また、自分の劣等感を埋めるための行動力は高いものを発揮しますが、関係のないことではあまり行動的ではない傾向があります。

例えば、社会的ステータスを持つこと、目指すことが正義と思っている人は、高級車を買ったり、マンションの高層階に住むことにはひたすら関心があります。言い方を変えればマウンティングできるものには興味があり、そうでないものには興味がありません。

関心事はもっぱら自分の劣等感を埋めることです。その根底にあるのは自信のなさです。自信がないので、何かを持ったり、したりすることで、優越感を持とうとします。

人間関係、行動範囲は狭く、小さな世界の中で生きているので、社会の大きな事柄にはあまり関心がありません。自分の目が届く小さな世界の中で、いかに自分が正義であることを証明できるかに腐心します。

●こうならないように自分が気をつけるべきこと

私の価値を高めてくれる人♡

誰かを蹴落としたからといって自分が上がる訳ではありません。誰かに優越感を感じたとしても、上には上がいます。上を見たらキリがありません。また、人生は勝ち負けだけで決まるものではありませんし、毎日勝敗をつける必要もありません。

何と比べて劣っていると感じているのでしょうか。劣等というくらいですから、何か基準があるはずです。あなたが思っている程、他の人はその基準を大事に思っていないことはよくあります。

●このタイプとの付き合い方

このタイプは上から目線であちらの方が正しいと言ってきますが、それは実は劣等感の裏返しです。相手よりも上にいると思えないと、自分を保つことができません。こちらも同じように相手よりも上に立とうとすれば、相手もすぐさま更に上に立とうとします相手が上に立とうとしなくなるのには、寛容さが必要です。

もっと
もっと
私の価値を高めなきゃ…!!

こちらが寛容に相手を受けいれれば、相手としては上には行けませんので、攻撃の矛先を失います。同じ土俵で闘おうとするのではなく、相手を受け入れる度量を見せて下さい。

安藤俊介　Shunsuke Ando

一般社団法人日本アンガーマネジメント協会代表理事。アンガーマネジメントコンサルタント。怒りの感情と上手に付き合うための心理トレーニング「アンガーマネジメント」の日本の第一人者。アンガーマネジメントの理論、技術をアメリカから導入し、教育現場から企業まで幅広く講演、企業研修、セミナー、コーチングなどを行っている。ナショナルアンガーマネジメント協会では15名しか選ばれていない最高ランクのトレーニングプロフェッショナルにアジア人としてただ一人選ばれている。主な著書に『アンガーマネジメント入門』（朝日新聞出版）、『あなたのまわりの怒っている人図鑑』（飛鳥新社）等がある。著作はアメリカ、中国、台湾、韓国、タイ、ベトナムでも翻訳され累計65万部を超える。

私は正しい　その正義感が怒りにつながる

2021年3月15日　第一刷発行

著者　安藤俊介
イラスト　つだかおり
ブックデザイン　三上祥子（Vaa）
編集　福永恵子（産業編集センター）

発行　株式会社産業編集センター
〒112-0011　東京都文京区千石4-39-17
Tel　03-5395-6133
Fax 03-5395-5320

印刷・製本　株式会社シナノパブリッシングプレス

©2021 Shunsuke Ando Printed in Japan
ISBN978-4-86311-289-6 C0030

本書掲載の文章・図版・イラストを無断で転記することを禁じます。
乱丁・落丁本はお取り替えいたします。